JN215616

＼ちゃんと／失敗する子の育て方

花まる学習会代表
高濱正伸

花まる学習会／
西郡学習道場代表
西郡文啓

SOGO HOREI PUBLISHING CO., LTD

はじめに

幼稚園児くらいの年齢の子どもたちが迷路で遊んでいるのを見ていると、たいていの子はどこかで道を間違えて、壁に突き当たります。

そこでイラッとして、「もうやーめた」と投げ出してしまう子がいます。

そんなときは、そばで見ているお母さんもつい、「こっちでしょ！」と、教えてしまいたくなるのではないでしょうか。

一方で、行き止まりだと分かったら、パッと引き返すことができる子もいます。一つ前の分かれ道まで戻って、そこからもう一度別の道を探してみる。今度は壁に当たらず進むことができました。そして、無事ゴールにたどり着きます。

そのときの子どもの顔は、「できた！」という喜びに輝いています。そうした我が子を見れば、お母さんも「よくできたね」と褒めてあげたくなるでしょう。

ここで大事なのは、迷路をクリアできたことではありません。間違えたときに引き返せたことです。

人生は、いつでも順調なわけではありません。何度も何度も壁に突き当たります。そのとき、諦めてしまうのか、あるいはその壁を乗り越えたり、別の道を探したりできるのか。どちらがより充実した人生を生きることができるかは、言うまでもないことだと思います。

そうした力を育てるのに必要なのは、何よりも「失敗」の経験です。どんな人でも成功し続けることはできません。必ずどこかで、失敗したり挫折したりします。大切なのは、そこからどう立ち上がるか、目の前の壁を乗り越えることができるかどうかです。

子どもの頃に、「失敗」を乗り越えた経験がないと、大人になってからも失敗を糧に成長することができません。そして、「失敗」は子どもの頃より大人になってからのほうが多く、大きなものになっていきます。

ところが現在の学校教育では、さまざまな意味での「失敗」が避けるべきものだとされています。テストで良い点を取るための勉強、受験に合格するための対策。「成功」するための方法は教えられますが、「失敗」を乗り越える方法は教えられないのです。

そうした教育だけでは、これからの時代を生き抜くことはできません。社会は大きく変化しています。その変化に合わせた対応力が、何より求められるようになります。いままでのように、決まった正解を学び、知識を詰め込むだけの勉強では、そうした力は身に付かないのです。

私たちは「花まる学習会」という学習塾で、日々、子どもたちと接しています。本当に、いろいろな子どもたちがいます。元気な子、おとなしい子。積極的な子、慎重な子。それに、勉強のできる子、できない子。

しかし、どんな子どもであっても、「学習意欲」と「向上心」。この二つがあれば、確実に伸びていきます。そしてその根本には、「失敗」があります。失敗するからこそ、より良くしようという意欲や向上心が生まれるのです。

本書では、「花まるグループ」の中でも、小学校高学年を対象にした〝主体性を育み、自己を見つめる場〟である「西郡学習道場」のメソッドを中心にして、これからの時代を生き抜く力を育てる方法をお話ししていきます。そのため、「花まる学習会」代表の高濱正伸と、「西郡学習道場」代表の西郡文啓の2人で筆を進めていきます。

また、主にお母さんを対象にした書き方をしていますが、現代は仕事も育児も夫婦2人でがんばっていく時代です。お父さんにも、是非自分のこととして読んでほしいと思います。

最後まで、お付き合いいただければ幸いです。

もくじ

第1章 「成功するための方法」はいらない

第2章 受験にも将来にも必要な「生きる力」

第3章　「自分事」としての勉強法を身に付ける

第4章　子育ての極意は「子離れ」

第5章 「親の背中を見て育つ」の本当の意味

編集協力　堀江令子
ブックデザイン　市川さつき（ISSHIKI）
図表・DTP　横内俊彦

第1章

「成功するための方法」はいらない

求められる能力が変わる

変化が激しく答えのない時代

これから先、子どもたちが生きていく社会は、目まぐるしい速さで変化していきます。さまざまな側面が考えられますが、特に重要なのは、人工知能（ＡＩ）に代表される先端技術の進化と普及です。読者のみなさんもご存じだと思いますが、こうした技術は、人の働き方を大きく変えていくといわれています。**今後10〜20年のうちに、いまある仕事の半分近くが、自動化によって機械に代替《だいたい》されていく**とさえ予測されるほどです。

その一方で、新たな仕事が生まれてくるとも考えられています。例えば、仮想通貨のスペシャリスト、ビッグデータを元に治療を施す新世代の医師。いままでにはなかった、あるいは、より進化した仕事が求められるようになっていきます。

そうした変化は、すでに表れ始めています。かつて絶対安定と考えられていた大企業が経営破綻《はたん》などの苦境に見舞われることは、珍しいことではなくなりました。逆に、グーグルやマイクロソフト、アップルなど、30年前には存在しなかった、あるいはまったく無名だった企業が、現在では支配的な地位を築いています。

これまで優位とされていたものが、まったく別のものに取って代わられる。今後は、そのような変化がさらに激しく、しかも短いサイクルで起こってくると考えられています。

10年後の世の中がどうなるのかは、いまの時点では誰にも分かりません。「変化が激しく答えのない時代」の入り口に、子どもたちは立っているのです。

現在の教育では必要な力が育たない

これまで、特に高度経済成長期といわれた頃は、与えられた仕事を確実にこなせる人材が必要でした。製品を大量に生産する、製品や労働者を正確に管理するといったような、決められた枠の中でより効率的に仕事ができる人、つまり情報処理能力が高い人材が求められていたわけです。

そのため、長い間、そうした人材を育てるための教育が行われてきました。大学受験を最終目標とし、良い大学に入るために必要な知識を効率良く吸収する能力を育てる。そうした力に秀でた人が、社会に出てからも優秀とされていたわけです。

しかし、そうした仕事は、これからは機械に代替されていきます。覚えられる知識量に関しては、人間とコンピューターでは比べものになりません。医師や弁護士といった、現在では社会的価値が高いとされている職業でさえ、いずれ人間がする必要はなくなるとされています。

現在の学校教育で育てることのできる力、つまり**受験に合格する力、知識を体系的に得る力は対策力**です。「こういう問題が出るから、こういう勉強が必要だ」という、前提ありきの力です。しかし、**これからの時代には、前提となる指標は存在しません**。現在の教育体系のままでは、これから先を生き抜く人材を育てることはできないのです。

従来の勉強では受験も勝ち抜けない

社会が変わっていく中、それに対応できる人間を育てなければいけない。そうした危機感は、もちろん国としても持っています。そうでなければ、日本そのものが立ち行かなくなってしまうわけですから。

そうした視点から、学校教育も少しずつ変わり始めています。例えば小学校の学力試験では、暗記した知識だけで解ける問題ではなく、自分で考える力を測る問題が出題される傾向が強まっています。

例えば、次ページの例題Aは公式さえ知っていれば答えられるもの、例題Bは「なぜその答えなのか」を書かせるものです。小学校6年生の正答率は、例題Aがほぼ100パーセントに近いのに対し、例題Bではガクンと下がり、20パーセント以下です。このように、実際の学力試験でも、いままでとは違う基準の学力が求められるようになっています。

また、大きな変化として、**2020年度からは大学入試センター試験が廃止され、新しい共通テストが始まる**ことが決まっています。具体的に試験の内容がどう変わるのかは、まだ明らかになっていませんが、文部科学省は国語と数学に、決まった正解ではなく自分の考え方を問うような、記述式の問題を導入する方針を示しています。

大学入試を、新しい時代を切り拓くための力を身に付けていなければクリアできないものに変える。それによって、高校以下の教育もその方向に向かわせる。この入試改革には、そうした狙いがあると考えられます。

これまでにも、「社会で実際に必要な力」と、「良い大学に入るための学力」の矛盾は問題視されていました。その一方で、「良い大学に入れば、良い生活ができる。だか

変わり始めた学力試験

例題A　正解率**96**%

次の平行四辺形の面積を求める式と答えを書きましょう。

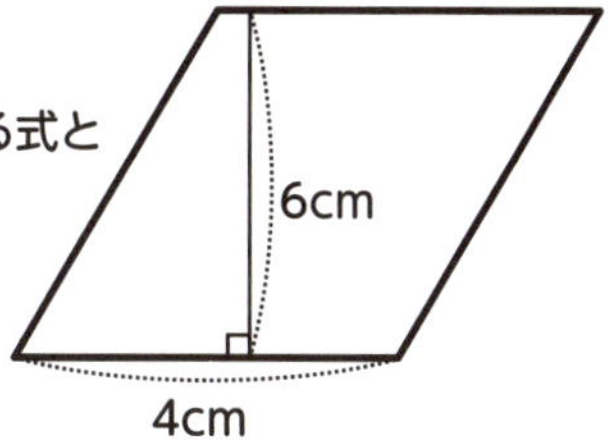

例題B　正解率**18.2**%

東公園と中央公園の面積では、どちらのほうが広いですか。答えを書きましょう。また、そのわけを言葉や式などを使って書きましょう。

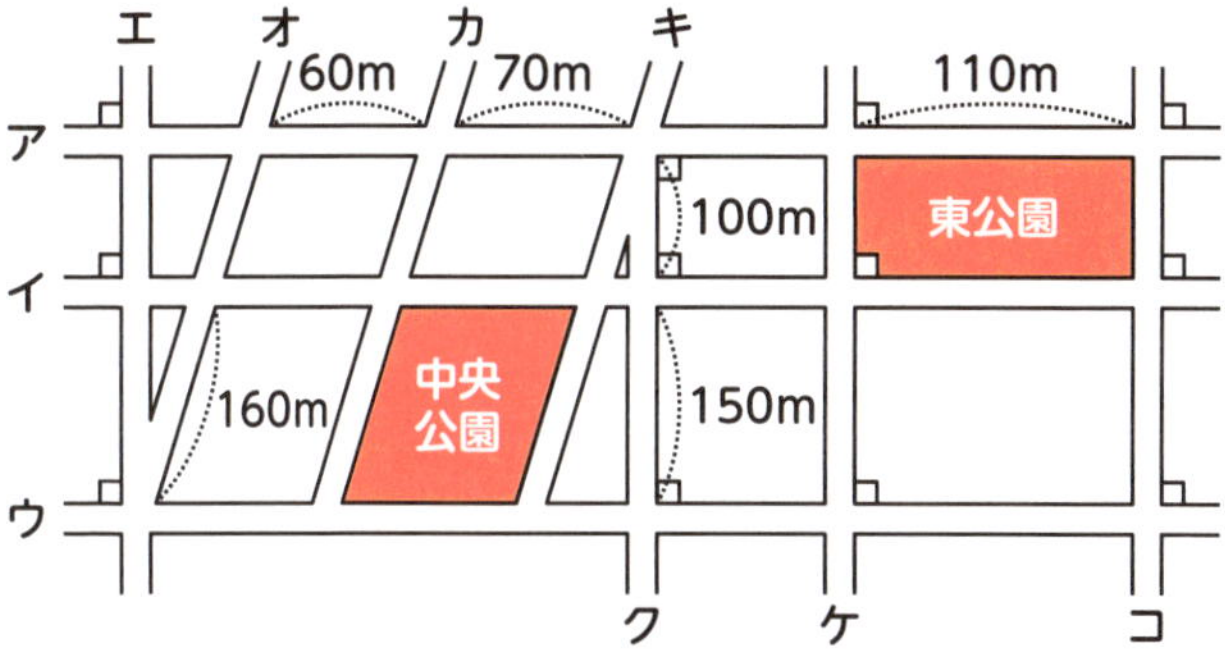

●道路ア、イ、ウは、それぞれ道路ケに垂直です

●道路ア、イ、ウは、それぞれ道路コに垂直です

★地図上に複数の図形を見いだし、必要な情報を取り出して面積を比較し、説明することが求められる。

※文部科学省学習指導要領「生きる力」保護者用パンフレットを参考に作成

らテストで良い点を取ればそれでいい」といった価値観もあったかと思います。しかし、これからは**大学に入ることそのものにも、いままでとは違う力が求められる**ようになっていくのです。

生き抜く力は「失敗」で育つ

失敗しない人なんていない

では、これから先の時代を生き抜くための力とは、どんな力なのか、どのようにして育てていけばいいのか。本書を通してお話ししていきますが、そこには、**「失敗」が不可欠**です。

「変化が激しく答えのない時代」を生きていく以上、「こうしなさい」というお手本はありません。そのときどきの状況に応じて、自ら問題を感じ取り、解決していく力が必要です。

それには、より多くの「失敗」が必要です。数多くの失敗をして、自分なりのやり方で乗り越えていく。そうした経験が、社会の変化への対応力を育て、自分の人生の困難を乗り越えていく力にもなるのです。

大切なのは、子どもたちに「転ばぬ先の杖」を渡してあげることではありません。**転んだ後、どうにか自分の力で立ち上がる。そのための方法を自分自身でつくり上げていくことができる**ように、大人たちが導いてあげることです。

そもそも、失敗をしない人などいません。誰もが東大に合格できるわけではなく、誰もがプロスポーツ選手になれるわけでもありません。仮になれたとしても、その中ではさらに激しい競争が待っています。どこかで世界一になったとしても、裏には数えきれない失敗や挫折があるはずです。それを乗り越えるからこそ成長がある。「成功者」や「一流」といわれる人ほど、多くの「失敗」を経験しているのです。

読者のみなさんも、自分の人生を振り返ってみれば、「自分が成長したな」「壁を乗り越えたな」と感じたときには、その前に必ず失敗があったのではないでしょうか。

子どもの頃、部活動で試合に負けて、その悔しさをバネに練習をがんばる。テストで思ったような点を取れず、次のテストで良い点を目指して勉強に励む。そうして成長していったはずです。

大人になってからも同様です。上司に怒られる、お客様に叱られる、大きなミスをする。そうしたことを乗り越えて何かを成し遂げたときに、自分の成長を感じるはずです。何の障壁もないまま成功したとしても、そこに成長はないのではないでしょうか。

「失敗」はクリエイティブの源

「失敗」を繰り返し、乗り越えてきた経験を持つ人は、逆境であればあるほど、そこに楽しさを感じます。

それは、**「失敗」や困難の先に成長がある**と知っているからです。

「さあ、どうするか」と目の前の問題に全力で取り組むことで、自分自身が成長していく。そこで出会うのは、いままで知らなかった新しい自分です。そのことの楽しさを知っているからこそ、どんなことに対しても前向きに向き合うことができ、またどんどん成長していきます。

一方で、「失敗」の経験が乏しい人は、逆境に遭うと嫌々でしか取り組むことができず、ただただ苦しむだけになってしまいます。もちろん、成長スピードも遅いままです。

両者の差は、どんどん開いていくはずです。読者のみなさんの周りにも、忙しいときほどニコニコしている人と、大変なときに限って仏頂面をしている人がいると思います。仕事ができるのはどちらでしょうか。

例えば、新しい商品を開発しようとするならば、何回もの試作が必要です。最初に作ったものが、いきなり完成品となることはないでしょう。足りない部分や改良点を探して、少しずつ品質を高めていきます。その過程一つひとつに対してネガティブになっていては、とてもじゃないけれど、新しいものを生み出すことはできません。「失敗」の過程そのものを楽しむことができる。それがクリエイティブの源にもなるのだと思います。

教育から排除される「失敗」

「失敗」が避けられる致し方ない側面

成長のためには「失敗」が不可欠なものであるにもかかわらず、**現在の日本の教育では、なるべく「失敗」を避けて効率的に生きることが良しとされています**。良い大学に入れるように、テストで良い点を取るための勉強をする。成功の方法は教えられますが、失敗した後の方法は教えられないわけです。

そこには、「失敗」をして遠回りする時間の余裕がないという、致し方ない側面もあります。長い目で見れば、「失敗」を繰り返して紆余《うよ》曲折《きょくせつ》しながら自分のやり方をつくり上げていったほうが本質的でもあるのですが、試験で点数を取るためには、どうしても知識を効率良く詰め込んでいく必要があります。そのため、**自分のやり方ではなく、〝正しいとされている〟やり方を教えられる**のです。

そこでは、テストの点数が絶対的な基準になってしまいます。良い点を取れば〝できる子〟、悪ければ〝できない子〟です。そのため、誰もが良い点を取ろうとします。本来であればできなかったときにこそ、そこに成長の種が隠されているのに、そのことには注目されません。そうして、子ども自身も「失敗」は悪いことだと考えるようになってしまいます。

問題を引き受けてこその教育

勉強に限らず、「教育者の論理」ともいうべき考え方が、さまざまな面で子どもたちから「失敗」を奪っているように思います。

例えば、子どもが暴力問題を起こしたとしたらどうなるでしょうか。少なくとも停学、ひどければ退学です。そうして一度道を踏み外してしまった子が、再度学歴競争のレールに戻るのは困難です。

もちろん、暴力を肯定するわけではありません。被害者やその家族にとっては絶対に許せないことですし、加害者には責任を取らせる必要があると思います。

しかし、本来的に、子どもは問題を起こすものです。問題に目隠しをするのではなく、**問題を抱え込んで、それをどう解決するかが本来の教育のあり方**なのではないでしょうか。

そこには、「学校の評判を落としたくない」という教育者の論理も働いているのかもしれません。「暴力はいけない」というような美しい標語のもと、問題の本質に向き合わないままに、排除しようとしているのではないでしょうか。

もっと細かなことでも、例えば家庭科で子どもに包丁を使わせない。あるいはナイフの持ち込みを禁止する。「怪我したらどうするんだ」「責任を誰が取るんだ」という議論から始まったことでしょう。ある意味で正論でもあるので、だんだんとそうした学校が増えてきています。

しかし、そこで必要なのは、「ナイフを持ち込んではいけない」というルールでしょうか。教育者として、危険を抱きこんで子どもたちに刃物の取り扱い方を教える覚悟でしょうか。

もちろん、そうした部分に問題意識を持って、日々しっかりと子どもの問題に向き合っている先生方もたくさんいらっしゃいます。それに、現場でしか分からない事情もあるのだと思います。私たちが言っていることも、実情を知らない理想論だと思われるかもしれません。

しかし、**現在の教育のあり方そのものが、成長する上で必要不可欠であり、避けることができない「失敗」を排除している**。そのことを否定することはできないのではないでしょうか。

親も子どもから「失敗」を奪っている

「失敗」を奪っているのは教育現場だけではありません。**親も、知らず知らずのうち**

に、子どもを「失敗」から遠ざけようとしています。

やはり親というものは我が子の失敗や苦労している姿は見たくない、なるべく成功してほしいと考えるのだと思います。

では、我が子にとって人生の成功とは何なのか。幼い我が子を前にそれを考えても、まだ分かりません。分からないけれど、良い学歴を持っていたほうが無難に生きるだろう。ならば、良い大学に行くために、なるべく良い中学校、高校に進ませよう、塾に通わせようという考え方になるのだと思います。

多くの親御さんが、現状の学校教育に矛盾を感じているのではないかと思います。しかし、ではどうしたらいいかが分からないから、とりあえず勉強させようということになるのではないでしょうか。

良い大学を出て、大企業に入り、定年まで働くという人生モデルは、すでに絵空事になっています。子どもの頃に「失敗」を乗り越えた経験を持っていないと、受験に落ちたとき、あるいは社会に出て大きな壁にぶつかったとき、立ち上がることができません。

高学歴であったり、エリートであったりすればするほど、挫折に弱い傾向がありま
す。その一方でプライドは高く、勝負や挑戦を避けようとしてしまいます。その結果、
ニートと呼ばれる状態になってしまう人も少なからずいます。
そうなったとしても、ある段階までは親が食べさせていくことができるかもしれま
せん。しかし、いずれ子どもの自立が必要です。そのためには、嫌でも失敗をさせて、
社会で生き抜く力を育てなければいけないのです。

分からないから楽しい

問題が分からないとき、イライラして「もうやだ！」と投げ出してしまう子どもも
います。しかし、それを乗り越えて何かを理解するという成功体験があると、分から
ないことにイライラしなくなります。
これは親も同じです。子どもに対して「これはこうでしょ！」と直接的に正解を教
えてしまうのではなく、「もっとよく見て、これはどうなると思う？」と、示唆的に考

えさせるような会話をすることが大切です。

問題を解けなければ叱る、正解すれば褒めるという教え方では、子どもはできないことに焦りや不安を感じてしまいます。一方で、**「失敗」をした上での成功体験を持っている子どもは、分からないことそのものを楽しく感じます**。その差が、将来の学力の差になるのだと思います。

「分からないから面白いんだよ」と繰り返し教えてあげてください。その上で、できるようになったら一緒に喜んであげてください。できてもできなくても、勉強をしているということにポジティブな言葉を掛けてあげることで、子どもにとって勉強は楽しいものになっていくのです。

成長の土台は「学習意欲」と「向上心」

「できちゃった」が「またやりたい」を生む

学習とは、ひと言で表せば、「できなかったことをできるようにすること」です。この「できなかったこと」が、「できちゃった」とき、子どもは大きな快感を味わいます。そうして、より勉強を面白いと感じるようになり、明日もやりたいという「学習意欲」が生まれます。

その根底にも、「失敗」があります。問題が解けなかった。その後、どうすればできるかを考えて試行錯誤し、最終的にうまくいくことで、「やった！」「できた！」という大きな達成感が生まれるのです。

その感覚が楽しいから、また勉強をがんばります。そして、もっともっと学びたい、いろいろなことを知りたいという「向上心」が生まれます。

「学習意欲」と「向上心」。この二つを得ることができれば、どんな子どもでも伸びていきます。言い換えれば、教育する側は、それを子どもに植え付けることさえできればいいのです。難しく感じるかもしれませんが、要するに「明日またやろう」「より良くしよう」という気にさせるということです。

その方法を教材の形に落とし込んだのが、「サボテン」です（次ページ参照）。これは「花まる学習会」が開発した教材で、すべて同じ形の計算問題が並ぶ、単純なドリルです。

例えば２桁の足し算の問題だけを、毎日１ページ、１カ月間ひたすら繰り返し解かせていきます。ポイントは、一定の時間内に解かせることです。数字が違うだけで基本的には同じ問題を、スピードを意識しながら繰り返し解く。これを毎日行っていると、どんな子でも、昨日の自分より速く、正確に解けるようになっていきます。

「サボテン」の出題例

分　　秒　　月　　日

	1	8
+	5	1

	2	5
+	6	2

	7	2
+	2	0

	5	4
+	2	3

	6	1
+	1	6

	4	3
+	3	5

	8	6
+	1	1

	3	0
+	2	8

	5	2
+	3	4

	1	3
+	5	6

	4	1
+	4	5

	2	4
+	5	3

先生が「サボテン」を採点するときに見るべきなのは、「できなかったことができるようになっているかどうか」です。つまり、他人ではなく、以前のその子自身と比べて伸びているかどうかが重要なのです。分数の計算で、最初はまったくできなかった子が、１週間後に約分だけはできるようになっていた。計算の答えは合っていなくても、それだけで〝花まる〟です。そこを評価してあげてこそ、子どもは「明日もまたやりたい」と思えるのです。

今日は、昨日の自分より良くなることだけを考えればいい。昨日の自分にはできなかったことができちゃった。それが楽しいから明日もまたやりたい。この連鎖が、何よりも子どもを成長させていくのです。

「なんとかなるんじゃない？」

正解は分からないけれど、自分自身で何らかの判断を下さなければいけない。そのとき**背中を押してくれるのは、「まあ、なんとかなるんじゃない？」という根拠のない**

自信です。それは「自己肯定感」とも言い換えることができます。

できなかったことができるようになることで「学習意欲」や「向上心」が生まれ、以前より少し難しい問題に取り組む。そしてその問題もできるようになるという経験が、自己肯定感を育てます。

教室で通常のドリルを解かせると、多くの子はほかの子を意識して、出来具合を比べようとしたり、できないことを恥ずかしがって隠そうとしたりします。「サボテン」を子どもたちに解かせるときには、**絶対にほかの子と比べず、自分のことだけに集中することと、昨日の自分のタイムより速く解くこと**だけを意識させます。そのことで、子どもたちは昨日の自分より今日の自分が成長していることを実感できるのです。

ほかの子よりドリルを速く解けるかどうか、良い点数が取れるかどうかは、本質的な問題ではありません。そうした他者との比較で自分が優れていれば、分かりやすく自分を肯定できますが、もっと速い子を目の前にすれば簡単に崩れてしまいます。

揺るぎのない「自己肯定感」をつくるのは、昨日の自分よりも良くなっているという実感です。

「自分はできないことでもがんばって、できるようになってきた。だからまたできないことがあってもなんとかなるだろう」

本物の「自己肯定感」を持つ子はそう考えるようになります。

子どもは必ずステップアップしながら生きていきます。その**成長した部分を、そのまま褒めてあげてください**。「すごいね」「えらいね」は必要ありません。子どもがいちばんうれしく感じるのは、具体的に「２桁の掛け算ができるようになったんだね」と言ってもらえることです。

「自己肯定感」のない子は、何をするにも不安がります。一方、確かな「自己肯定感」を持つ子は、逆境や誰もやったことのないものを前にすると、「面白そう」「どうやってやろうか」とワクワクします。

だから「失敗」を恐れずチャレンジできるし、失敗してもなんとかしようと試行錯誤して乗り越えることができます。その姿勢こそが、人生をたくましく生き抜いていくために必要なのではないでしょうか。

ぶれてはいけない親の愛情

ただし、いくら成功体験を重ねても、「自己肯定感」の「芯」とも言える部分がしっかりしていなければ、人は自分自身を認めることはできません。

その「芯」とは、親からの絶対的な愛情です。

「絶対にお母さんは自分のことが好きなんだ」と感じることで、「自分はここにいていいんだ」と思うことができる。「学習意欲」も、「向上心」も、「自己肯定感」も、まずはここからです。

立派な母親になろうとしなくてもいいのです。だらしないお母さんでも大丈夫。誰だってそれぞれ弱い部分やダメな部分があります。子育てにおいて、「完璧」はあり得ません。

何を教えてあげられなくてもいい、良い見本になれなくてもいい。ただ、子どもが「絶対にお母さんは僕のことが好きなんだ」と感じることのできる愛情だけは、存分に注いであげてください。

逆に言えば、それがあれば子どもは勝手に育つと言ってもいいのかもしれません。子どもにとって、**親からの惜しみない愛情が、人生を生きていく上での拠り所となる**のです。

知識よりも「感覚」を身に付ける

「失敗」が「対応力」を伸ばす

「失敗」によって身に付く力は、「対応力」とも言い換えることができると思います。「変化が激しく答えのない時代」を生き抜くためには、何が起きても対応できる力が必要です。

対応できるということは、対応しなければならない問題を自分で感知できるということでもあります。そのためには、その人自身の「感覚」が重要になります。自分の仕事に、あるいは社会の中にどんな問題があって、どのように対応しなければいけないかを感じられるかどうかです。

トップに立つ人ほど「感覚」を磨いています。欧米ではアートの重要性が高まっていて、かつてビジネスの世界で重視されていたＭＢＡ（経営学修士）を持っている人よりも、ＭＦＡ（美術学修士）を持っている人のほうが評価されるようになってきています。

これまでの教育の中でも、「感覚」を養う勉強はありました。図工や音楽、美術。それに、算数も「感覚」を磨くための科目でもあります。例えば、平行四辺形を見たとき、その中に二つの三角形をつくる補助線がパッと浮かぶという感覚を持っていれば、公式を知らなくても面積の出し方が分かります（次ページの図参照）。

あるいは国語です。教科書に載っている小説などを読んで、主人公に感情移入したり、細かな描写に自分と近い感覚を見出したりすることも、国語の大きな面白さです。

しかしテストでは、そうした感覚は求められません。算数は公式を覚えてさえいれば正解できてしまいます。国語にしても、「この作者は何を言っているか」というような、決まった答えを求められる問題が多く出されます。

学校で習う平行四辺形の面積の求め方

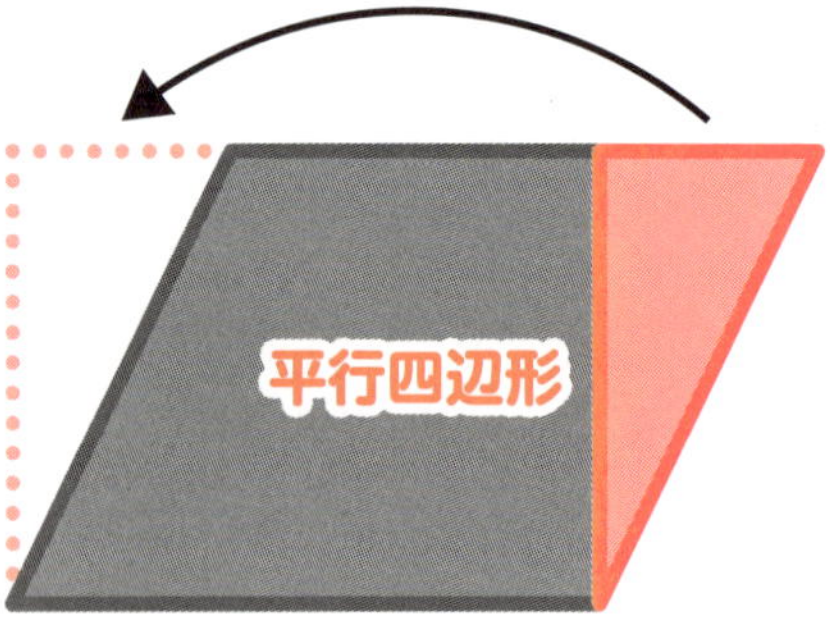

右の三角形を左に移動すれば
長方形になる。

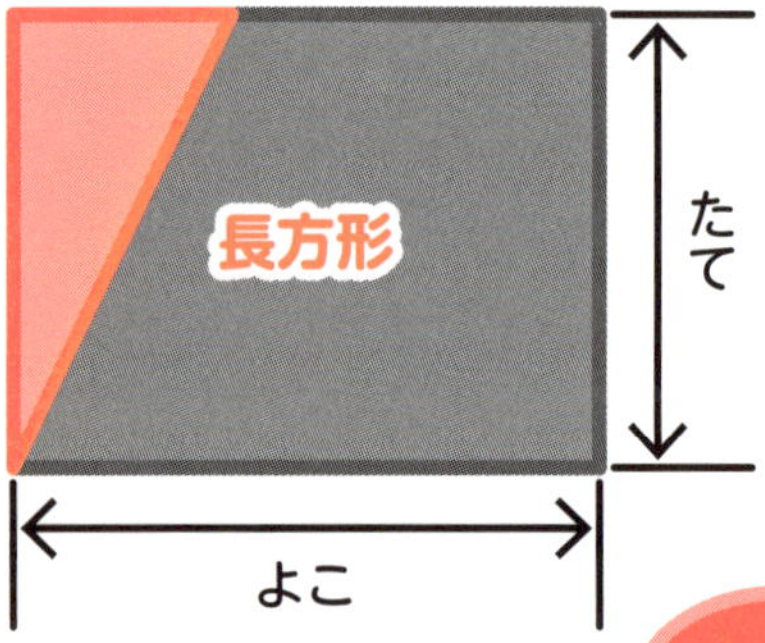

平行四辺形の面積の求め方は
長方形と同じ。
「平行四辺形の面積＝たて×よこ」

この公式を
教えられる

公式を知らなくても…

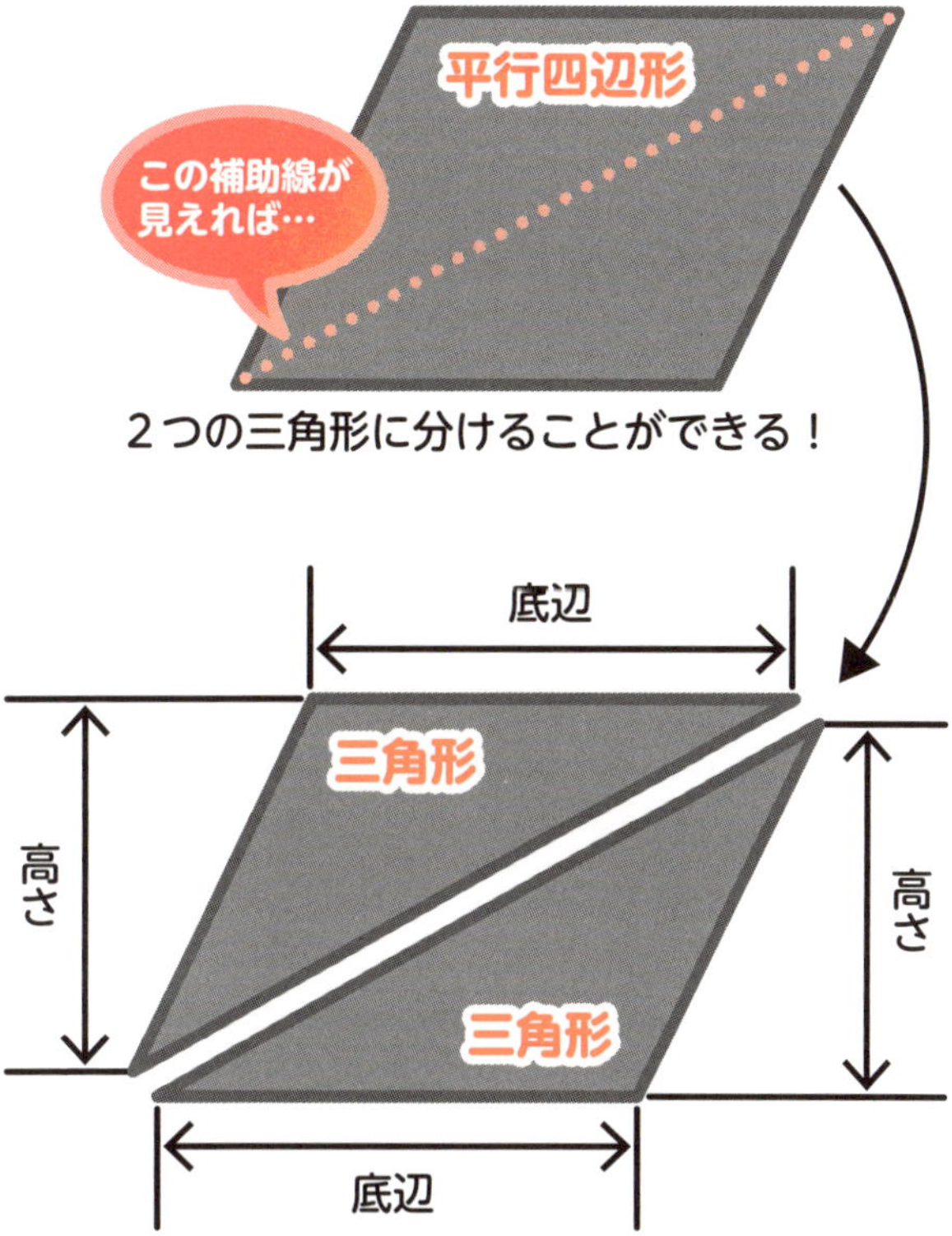

三角形の面積は「底辺×高さ÷２」だったな。

２つの三角形の面積を足せば平行四辺形の面積が分かるぞ！

採点する側から見れば、解答用紙に書かれた正解が、「感覚」を使って解かれたものなのか、機械的に公式を当てはめて出したものなのか、判断がつきません。先ほど挙げた図工や音楽、美術にしても、専門的な大学でなければ、入試科目になることはありません。

つまり、**「感覚」はテストで測られないから、現在の教育で重要視されない**のです。

かつての大学入試では、ある程度正答率が高ければ、単なる暗記力だけでなく、「感覚」を使って問題を解く本質的な頭の良さも備わっているものと推測して、合格としていました。実際、昔の作家は揃って高学歴です。その推測は大きく外れてはいなかったわけです。

しかしその後、受験戦争が激しくなるに連れて、受験勉強は機械的な暗記で効率的に点数を取る方法を学ぶものになり、教育の現場でも、「感覚」を鍛えることより、知識を覚えさせることが中心になっていきました。

世の中が変化し、求められる能力が変わってきても、学校教育の根本は変わらないはずです。現在の学校教育は、日本社会が世の中の変化に対応できていないことの象徴だと思います。

「つくる遊び」が「感覚」を磨く

子どもの**「感覚」を磨くための答えの一つが「つくる遊び」**です。特に自然の中で日が暮れるまで遊ぶような「外遊び」の経験が、何より子どもたちの「感覚」を磨きます。

最近ではアスレチックパークなども充実していますが、そうした所に連れて行く必要はありません。山や川、野原があれば、そこで十分です。遊び道具だって準備しなくて大丈夫です。

出来上がった施設の中で、用意された遊具を使って遊ぶことよりも、何もない野原で拾った棒切れ1本を使って、どんな遊びをしようかと考えることのほうが、子どもの「感覚」を磨きます。

あるいは、すでにある遊びでも、もっと楽しい遊びはないかと考えることです。野球をしたいけれど3人しかいない。大人であればほかのことをしようと考えるかもしれませんが、子どもは3人でやるためのルールを考えて遊ぶことができます。クリエイティブとも言える遊び。**自分で考えて遊びを「つくる」という試行錯誤を繰り返すことによって、「感覚」は磨かれていきます**。

自分自身が子どもの頃を思い出してみれば、そうした遊びが本当に面白いことが分かると思います。時間が経つのも忘れて遊び、親に叱られて「ごめんなさい、もうしません」と言いながら、それでもまた明日もやってしまうものです。

ただし、現代の、特に都会では、こうした遊びをする機会や場所が少なくなっています。野原などどこにもなければ、遊べるような川もありません。小さな公園で、友だち同士が集まって携帯式のゲームで遊んでいる姿を見かけることが多くなりました。私たちが子どもの頃には考えられなかった光景ですが、仕方のないことかもしれません。

そうした場合は、意識的に子どもたちを自然の中に連れて行ってほしいと思います。「花まる学習会」では、季節ごとにキャンプなどの「野外体験」を実施し、子どもたちに徹底的に外遊びをさせています。最初は何をして遊べばいいのかと戸惑う子どもたちも多いですが、すぐに自然の中で存分に遊ぶことができるようになります。

そんな短い時間で何が変わるのかと思われるかもしれませんが、子どもたちに与える影響は多大です。どの子の表情も目に見えて生き生きとしてきます。数日離れていただけのお母さんが、帰りのバスから降りてきた我が子を見て驚くほどです。

ただ、難しいのは、子ども自身が熱意を持って試行錯誤するということが大切なのであって、親が「さあ、どこまでも遊びなさい」と作為的に遊ばせようとすると、意味が変わってしまうということです。お母さんに「何でそんなことやってるの！」と言われながらも遊ぶ。そのエネルギーが大切なのかもしれません。

難しいことではありますが、「遊ばせなきゃいけない」と考え過ぎずに、子どもが楽しく遊んでいるのであればそれでいいという姿勢でいいと思います。ただ、その遊びが、ゲームなどに偏り過ぎないように注意してあげてください。

「感覚」が自分だけの価値基準をつくる

「感覚」を蓄積していく

「感覚」とは、外から与えられた知識や世間的な評価基準などとは別のところで判断を下すための、絶対的な自分自身の基準とも言えます。

自分だけの基準がなければ、判断はすべて世間的な価値基準に従うものになってしまいます。正しさや価値が激しく変化する社会においては、自分自身で何が正しいかを選ぶための軸が必要です。

私（西郡）は若い頃、絵画が好きで、ピカソの作品に惹かれていました。しかし、なぜ自分はピカソの絵を好きなのか分かりませんでした。それを理解したくて、ピカソの作品に限らず、さまざまな絵画を時間の許す限り鑑賞し続けたことがあります。

　そしてあるとき、ふとめくった画集で、１枚の絵を目にしました。それは、ピカソの「アイロンをかける女性」という絵でした。一般的なピカソのイメージとはかけ離れた繊細な筆遣いで描かれたその作品を見たとき、「ああ、ピカソはここまで深く対象を見つめているからこそ、捉えたものをデフォルメすることができるんだな」と、自分の中に何かが〝すとん〟と落ちるように、ピカソのすごさを感じることができました。

　このとき、私は自分の「感覚」を一つ手に入れたのだと思います。そこに至るまでには、美術館に行き、画集を買い、何百、何千枚もの絵を見ることが必要でした。その試行錯誤こそが、私にとっての感覚磨きだったわけです。

「感覚」という、一見捉えどころのないものを言語化できるようになることで、**ただ感じるだけではなく、自分の中に蓄積していくことができる**ようになります。行動して、感じて、考えて、言葉にする。その連続が自分の哲学となり、正解のない世界を生きて行く上での、自分なりの基準が出来ていくのです。

トップリーダーの多くは「元不良」

著名な起業家などの自伝やインタビューを読むと、「少年時代はワルだった」という人が少なくありません。

世の中にインパクトを与えるような事業を起こすほど **〝突き抜けた〟人は、ほとんどが「元不良」**だと思います。とはいえ、犯罪行為をしていたとか、暴力的だったという意味ではありません。あらゆる面で「遊び尽くした」人です。

とことん遊び尽くし、それによって自分自身の「感覚」を持っている。「これが常識だ」と教えられたことでも、自分の「感覚」に合ったものでなければ、それを踏み外す勇気がある。そういう人は、子どもの頃は往々にして「不良」と見なされがちです。これも広い意味での「失敗」と言えるのではないでしょうか。

私たちも、子どもの頃からさんざん遊び尽くしてきた「元不良」です。子ども時代は文字通り野原を駆け回って遊び、学生時代は競輪、競馬、映画、本、それに先ほどお話しした美術など、自分が面白いと思うことにとことんのめり込みました。それによって、いまの自分の「感覚」がつくられたと思っています。

私たちは、経営の経験もなく、「花まる学習会」を始めました。「経営の素人」と言われることもあります。しかし、そうした声や既成の価値観にとらわれず、自分の「感覚」を信じることができています。

自分たちがどうだと言いたいわけではありませんが、そうした感覚は多くの起業家にも共通することだと思います。**大きな挫折もなく、ずっとエリートのままで社会的成功を収めた人などいない**のではないでしょうか。子どもの頃から興味のあるものに怖がらず手を出し、失敗し、遊び尽くす。そのことによって、ぶれずに信じ続けることのできる自分自身の基準をつくり上げていくのだと思います。

学びのゴールは人を幸せにすること

「感覚」はあらゆる場面で求められます。仕事でトラブルの匂いを感じる、顧客の要望を汲み取る、部下や上司の気持ちを慮《おもんぱか》って仕事を進める。その根底には、周囲の人がどんな状況であるかを感じ取る力が必要です。そもそも、社会は人と人との関係性で出来ています。**常にアンテナを張っていなければ、社会の中で生きていくことはできません**。

そうした感覚が身に付くことで、学びの本質とも言える部分を得ることができるように思います。

これからの時代を生き抜く能力を得るために、適切な学びが必要なわけですが、社会的な成功を勝ち得ることだけが、「生き抜く」ということではありません。

勉強して高い学歴を手に入れ、職業人として活躍したとしても、家に帰って目の前の家族を泣かせてしまっていたとしたらどうでしょうか。家族を幸せにできなかったとしたら、その勉強には何の意味もありません。

学びのゴールは、自分が幸せになることではなく、ほかの人を幸せにすることです。そして、幸せに決まった形はありません。だからこそ、相手が何を考えているか、何をしてあげなければいけないかを、常に自分のアンテナで感じ取っていかなければいけません。妻が髪を切ったら、すぐに「髪切ったんだね」と声を掛けることができる。夫が落ち込んでいたら、「何かあったの？」と心配できる。そうした感覚を持っていて初めて、周囲の人たちと一緒に、幸せに暮らせるのではないでしょうか。

COLUMN

ばかばかしいこと、無駄なこと

息子と「野球ごっこ」をしたときのことです。ピッチャー役の私がボールを投げようとすると、子どもがいきなり私に背を向けてバットを構えました。なぜそんな恰好をしているのかと聞くと、「体を回転させる打ち方だから、後ろを向いているんだ」と誇らしげに答えます。もちろん、結果は空振り。おそらく、漫画の主人公のようなスイングをしてみたかったのでしょう。

こうした子どもの不思議な行動は、あらゆる場面で見られるものです。「花まる学習会」では、数日間の野外体験をする「サマースクール」を毎年開催しています。子どもたちを川で遊ばせると、石で水の流れをせき止めてダムを作っていたかと思えば、すぐにやめて川に飛び込んだり、そのままぷかぷかと浮いていたりします。

一貫性はありませんし、それぞれに決まったやり方もありません。どの子も思い思いに、その時間を楽しんでいます。

そんな様子を見ていると、つくづく、子どもというのは、ばかばかしいこと、無駄なことをやりたがるものだなと思います。

その行動にどんな意味があるのか、正しいかどうかは、彼らにとって大切なことではありません。いや、そもそも意味や正しさなどということは、考えてすらいないのでしょう。

子どもは、大人から見れば「なんでそんなことするの？」と呆れてしまうようなこともするものです。しかし、ばかばかしいことをするその時間が、子どもの自主性を育むためには必要なのではないでしょうか。

勉強にしても、遊びにしても、子ども自身がいろいろと考える前に、親は正解を与えてしまいがちです。その性急さが、子どもの意欲を奪うことになってしまうのではないかと思います。

第2章

受験にも将来にも必要な「生きる力」

「生きる力」とはどんな力か

マニュアル化される本質

第1章で、すでに学校教育でも求められる力が変わってきているというお話をしました。

国は、学校教育によって「生きる力」を身に付けさせるという方向性を打ち出しています。ではこの「生きる力」とはどういった力なのか。文部科学省による学習指導要領では、育むべき「生きる力」を、「確かな学力」「豊かな人間性」「健康・体力」の三つの要素からなる力と定義しています。

「確かな学力」とは、「知識・技能に加え、学ぶ意欲や、自分で課題を見付け、自ら学び、主体的に判断し、行動し、よりよく問題を解決する資質や能力など」とされています。

「豊かな人間性」は、「自らを律しつつ、他人とともに協調し、他人を思いやる心や感動する心など」であり、「健康・体力」は、「たくましく生きるための健康や体力」を示しています（文部科学省ホームページ「確かな学力」より）。

　こうした動きを受け、実際のテスト問題も変わってきています。単純な暗記だけでは解くことのできない難問はこれまでにも出題されてきましたが、**これからは、より自分の頭で考えなければいけない問題が多く出されるようになります**。これも第１章でご紹介しましたが、次ページのような問題です。

　しかし、**こうした変化も、現場ではたちまちマニュアル化してしまいます**。例題のような問題で「確かな学力」を測ろうとしているのに、「受験ではこうした問題が出される。この問題はこう解くのだ」という教え方になってしまいます。

　試験が変わっても、そのための勉強は従来通り、教えられたことを覚えるという形

変わり始めた学力試験

例題A 正解率**96**%

次の平行四辺形の面積を求める式と答えを書きましょう。

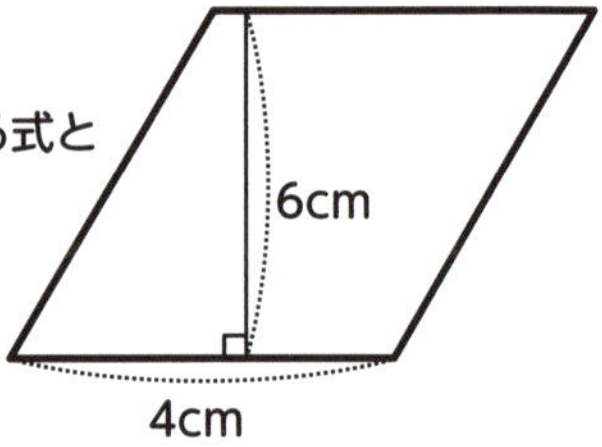

例題B 正解率**18.2**%

東公園と中央公園の面積では、どちらのほうが広いですか。答えを書きましょう。また、そのわけを言葉や式などを使って書きましょう。

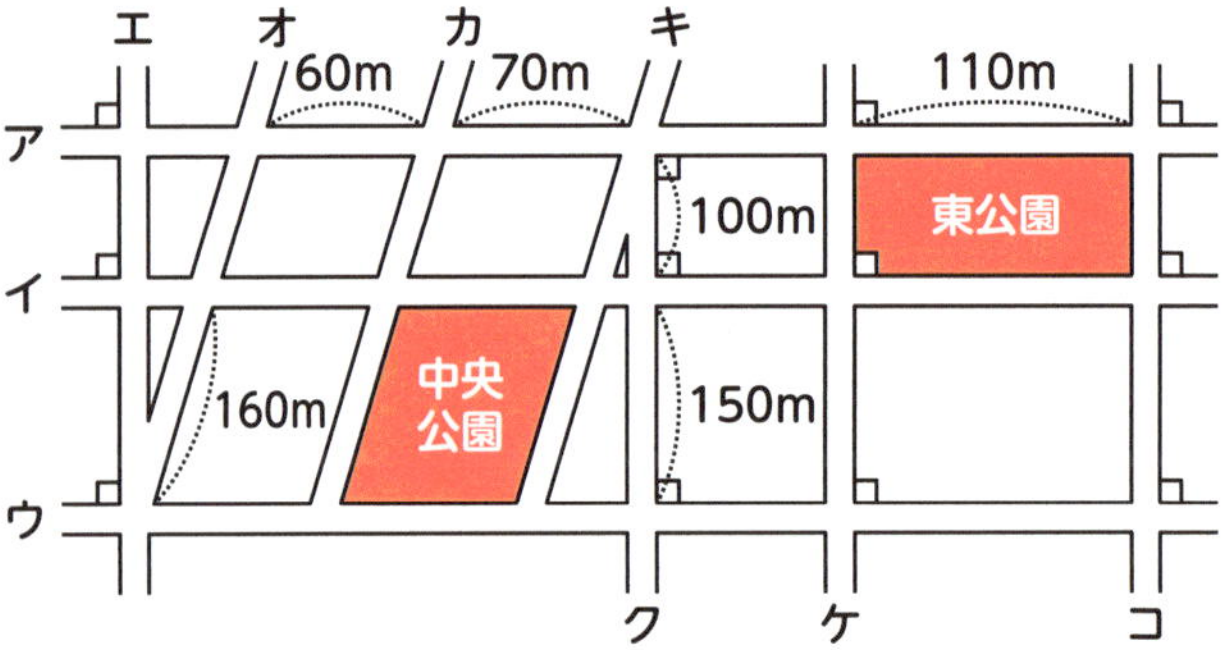

●道路ア、イ、ウは、それぞれ道路ケに垂直です

●道路ア、イ、ウは、それぞれ道路コに垂直です

★地図上に複数の図形を見いだし、必要な情報を取り出して面積を比較し、説明することが求められる。

※文部科学省学習指導要領「生きる力」保護者用パンフレットを参考に作成

のままです。受験勉強が、「確かな学力」、すなわち「生きる力」を身に付けることには必ずしも繋がっていないのが実情です。

国の意向とは裏腹に、実際の教育の現場では、「生きる力」を身に付ける教育への転換が順調に進んでいるとは言えません。

「生きる力」を育てる習慣

それでは、どのように「生きる力」を身に付けていけばいいのでしょうか。

私（西郡）は、これからの子どもたちに求められる能力を、「七つの生きる力」という形に落とし込んでみました。

①自律する力
②見極める力
③試行錯誤する力

④殻を破る力
⑤面白がる力
⑥言語化する力
⑦やり遂げる力

これらは、勉強を通して身に付けさせたい力ではありますが、**日々の家庭生活の中で育まれる部分もあります**ので、是非実践してほしいと思います。

西郡学習道場流「七つの生きる力」

①自律する力

ここがスタートラインです。しっかり睡眠を取り、朝はすっきりと起きて、ごはんをきちんと食べる。そうした当たり前の生活習慣を持つこと。これが自分を律するということの第1段階です。

睡眠は、子どもの身体だけでなく脳の成長にも大きく関係します。低学年のうちは特に、この「**当たり前に生活する力**」を身に付けることを大切にしてください。

次に、挨拶をする、約束を守る、みんなで使う場所は片付ける、遅刻はしないといった、**「モラル」や「マナー」**です。

これらを身に付けさせる上で象徴的なこととして、「欠席連絡は子ども自身にさせる」ということを、よく親御さんたちにお伝えしています。

塾や習い事、あるいは友だちとの約束でも、子ども自身の都合で行けなくなったり、遅刻したりすることになった場合、先方への連絡は、子ども自身にさせるようにしましょう。約束を破ることを相手に直接伝えて謝るのは、相手の気分を損ねることですから、とても気が重いものです。その課題にあえて直面させることで、自分の行動に責任を持つことを意識させます。

「西郡学習道場」には、学習面で悩みを抱える子も来ています。最初は、出された宿題をやってくるということができない子も多くいるのです。

学校の先生であれば、「家できちんと宿題をさせてください」と親にお願いするところだと思いますが、道場では、できなかった宿題を子どもにそのまま持ってこさせるようにお伝えしています。

そして、子ども自身に「なぜ宿題ができなかったのか」を問います。「なぜ土日にしなかったの？」と聞くと、「週末は家族で出掛けていたから」などと、もっともらしい言い訳をします。しかし、たとえそれが事実だったとしても、どこかで宿題をする時間はあったはずです。「本当にできなかった？」「用事があるなら、もっと早くやっておけばよかったんじゃない？」と問い掛けを重ねることで、「宿題ができない、やらない自分」に向き合わせます。そのことで、宿題という**約束事は、自分自身の責任で果たさなければいけないという自覚**を促していきます。

こうした「モラル」や「マナー」は、基本的なしつけの範疇《はんちゅう》です。この基本的な「型」を、まずはしっかりとつくっておかなければなりません。

約束事を守ることができなければ、社会の中で適応していくことはできません。また、やるべきことを自分自身に課し、できないときにどうすればいいかを考えられる人間になるという意味でも、自分を律する力は必要です。

もう一つ、自分を律するという部分で重要なのが、**「自分に正直になる」**ということです。

学習で言えば、できたふりをしない。自分をごまかさない。自分が「できない」ということに直面できるかどうかが、人生を分ける重要な点でもあると思います。

「西郡学習道場」に通う子の中には、勉強が「できない」子もいます。それは、頭が悪いとか、テストの点が低いという意味ではありません。勉強すること自体ができないのです。

授業で作文を書かせたとき、帰ることばかりを気にして、ずっとそわそわしている男の子がいました。授業時間が終わりそうになっても、「書くことがない」と言って、書き進めようとしません。

そのような子を勉強に向き合わせるために、私（西郡）は逃がさず追い込みます。そう言うと誤解を招くかもしれませんが、怒鳴ったり、激しい言葉を使ったりということではありません。ただ「逃げさせない」ようにするのです。

私はその子のお母さんに了解を取った上で、「今日は書くまで帰さない」と、彼に宣言しました。そこからが大変です。私が本気だと分かると、彼は「帰せ！　帰せ！」

と叫び出しました。それでも私は逃しません。

するとある瞬間、彼は堰《せき》を切ったようにワーッと泣き出しました。同時に、猛烈な勢いで作文を書き始めました。

一気に書き終えたところで、お母さんが迎えに来ました。机の作文を目にしたお母さんは、「この子がこんなに長い文章を書いたのを初めて見ました」と、驚いていました。

このとき、初めて彼の学びが成立したのだと思っています。「やらされている」というわべの学習ではなく、自分の能力や神経をフルに使って学ぶ、本物の学習です。そこに到達するためには、自分に正直にならなければいけません。自分はできているのか、本当に考えているのかを、自分自身に問える素直さが必要なのです。

②見極める力

いま何が起こっているのかという、ものごとの動きや流れ、あるいは他人の心など、

目に見えないものを感じて自分の頭で考える力です。

子どもの頃に遊び尽くした人ほど、こうした力がよく身に付いています。例えばかくれんぼをしているとき、あの木の後ろに誰かが隠れているのではないかと考えたり、サッカーでそれぞれのプレイヤーがどう動くかを一瞬のうちにイメージして、的確な場所にパスを出したりする。遊びの中でそうした経験を重ねることで、目に見えないものを感じる力が育ちます。そこにないものをあるかのように感知するという感覚は、遊び尽くすという実体験によって鍛えられるのです。

先にも、「感覚」が自分の価値基準をつくるというお話をしました（48ページ）。この絵は良い、この映画は良い、この小説は良い。人が「良い」と言うからではなく、本当に自分は「良い」と思えるかどうかです。自分で経験して、感じて、考え抜くことで、目に見えないものを「見極める力」が生まれます。まずは数多く見て、感じて、自分にとっての感覚磨きをしていくことです。

さらに重要なのは、「見極める力」によって、**現状を打破するための発想の転換ができる**ということです。何かに行き詰ったとき、「これではない。何か違う」と感じることができる。その転機は、遊びに夢中になることです。ただ楽しいということではなく、いろいろな視点から遊びを捉えて、深く遊び尽くす。そのことで、目の前の困難に対して別の発想で乗り越えようとする力が生まれるのです。

また、「見極める力」は、人やものごとについて、それが**本物であるか、本質かどうかを見抜く力**でもあります。私（西郡）は、仕事で取り組むべきかどうか迷うことがあった場合、それが「面白いかどうか」「本質なのか」という2点を基準にして判断しています。その仕事は自分が熱中できることか、本当に意味のあることなのか、自分がやるべきことなのか。それを判断するのが「見極める力」です。

混迷するこれからの時代に、人生を有意義に生きていくためにも、「見極める力」が必要なのです。

③試行錯誤する力

まずはやってみる。失敗したら、また別のやり方を考えてやってみる力です。

勉強にしても、遊びにしても、いろいろなことにチャレンジする積極的な子と、慎重な子がいます。慎重な子は外からの評価を気にし過ぎる傾向があります。マイナス評価を恐れて、「間違ってはいけない」からと、どうしても無難な方向を選び、試すことに消極的になりがちです。

「空気を読む」という言葉が日常的に使われるようになりましたが、そうしたことを子どもに求めすぎるのもいけないのかもしれません。周囲のことや事後のこと、できるかできないかを考える前に「やっちゃえ！」と踏み出すことができる。そのときは周囲から見れば無茶だと思えたり、結果として失敗したりしたとしても、後から伸びる子がたくさんいます。

子どもの「試行錯誤する力」を伸ばすためには、試したことによる結果ではなく、**試したことそのものを評価してあげてほしい**と思います。

例えば、子どもが迷路で遊んでいるとします。うまくゴールしたときも、「ゴールできた」という結果を褒めるのではなく、「チャレンジした」ことを褒めてください。もしゴールできなかったとしても、行き止まりから引き返したり、もう一度最初から始めたり、子どもが試行錯誤していることを褒めてあげましょう。

意識していなければ、そうしたところに着目するのは難しいかもしれません。子どもが失敗したり、困った状況になったりしたときこそ、「試行錯誤する力」を身に付けさせるチャンスです。「そこからどうするか」を考え、チャレンジする方向に導いてあげてください。

④殻を破る力

一度何かを完成させたら、次の瞬間にそれを破壊する力です。

１００点を取ったら終わりではなく、より深く勉強する。他人と自分を比べず、より良い自分をつくり上げていく。仕事で出世したならば、その地位を捨てる覚悟で新しいプロジェクトに取り組む。そうした、成功を次の挑戦の起点にする力です。

さらに言えば、**意識するまでもなく、当たり前のこととして挑戦する力**です。

会社の部署で「いちばんになろう！」と言っている部署に限って成績が伸びないということがよくあります。「言葉にする」ということは「言葉にしなくてはいけない状態になっている」ということでもあるわけです。いつでも優秀な成績を収めている部署では、「いちばんになろう」という言葉は、わざわざ言うものではなく、誰もの共通意識になっているのではないでしょうか。

何かを達成して「よし、できた」と思ったとき、同時にそれが破るべき殻になります。それを破って新たな挑戦をする。「挑戦」とか「向上心」という言葉を必要としないほど、それが当たり前になっていることが理想です。

子どもの勉強で言えば、問題を解けたときにそこで終わるのではなく、さらにその先まで理解を深める習慣を持たせることを意識しましょう。

「分かる」ということは、以下の4段階を経ていくものだと思います。

・「人に聞いて分かる」　人に教えてもらえば答えられる。

・「自分一人でできる」　自力で答えられる。
・「すらすらできる」　迷いなく、すらすら答えられる。
・「説明できる」　どうしてその答えなのかを人に説明できる。

「人に聞いて分かる」「自分一人でできる」の段階で「分かった」と考えてしまいがちですが、その「分かる」という殻を破り、「分かり切る」というところまで到達しなければ、本当に分かったことにはならないと思います。

2桁×1桁の掛け算を解けたなら、すぐに2桁×2桁を解こうとするのではなく、2桁×1桁の問題を繰り返し繰り返し練習する。そうして**どんな問題でも迷いなく解けるようになって初めて、自分の実力となります**。

そこまで理解が深まっているようであれば、子ども自身に、「なぜそう解くのか」を説明させてみてください。自分の言葉で説明できれば、それは分かり切るところまでいっているのだと思います。

ただ、ここで注意しなければならないのは、しっかりと分かり切ってはいても、それを言葉で説明する言語能力の発達が追い付いていないケースもあることです。そこは親の「見極める力」が必要になる場面でもありますが、子どもが説明する様子を見ていれば、本当に理解できているかどうかは分かるはずです。たとえ言語力が拙くても、十分に説明できていると感じられれば、それでいいと考えましょう。

⑤面白がる力

学習することに対して、遊びと同じようにワクワクした気持ちになる。それが本物の「学習意欲」です。

目の前にある勉強や仕事を面白がれることは、人生において大きな強みになります。やりたいことだけをして生きていくのが理想ですが、現実には「やらなければいけないこと」もたくさんあります。そのやらなければいけないことさえも、やりたいことに変えてしまうことができれば、より楽しく日々を生き抜いていくことができます。

例えば、難しい漢字がたくさん並ぶ漢字ドリルに取り組むとき、「自分はこの漢字を覚えられるのか、記憶力を試してみよう」という発想ができれば、勉強はやらなければいけないものではなく、楽しいゲームになります。

子どもに「面白がる力」を身に付けさせるには、まずは単純に好きなことをさせることによって、「面白い」という感情を十分に味わわせることが大事です。

そうとはいえ、ただ楽しいことだけをさせればいいというわけでもありません。そこには**苦労や努力が伴っていることが必要**です。

野球やサッカーなどの部活動では、試合に勝つためにストイックな練習をしなければいけません。勝利至上主義的な指導だという批判もありますが、ストイックさの中にある楽しさを教えるという意味では大事なことだと思います。毎日練習をがんばって、時には悔しさに泣いて、その上で試合に勝つ。そこでしか得ることのできない喜びもあります。

スポーツにしても勉強にしても、子ども自身に好きなようにさせているだけでは、ただ楽しくやるという域を出るのは難しいものがあります。そこからストイックな努力が必要なところまで、少し引き上げてやるのが教育者の仕事だと思います。
ただ、同じことを家庭でするのはなかなか難しいと思います。そのために私たちは、塾という場をつくって子どもたちをお預かりしいているわけですが、ほかにも部活や習い事など、外に子どもを預けるということの意味は、そこにあるのだと思います。

遊ぶときにも、ただ楽しく遊ぶというのではなく、夢中になって能動的に遊べることが大切です。

「好きなことをして遊びなさい」と言えば、ずっとテレビゲームをし続ける子もいるでしょう。それは確かに夢中になって遊んでいる状態かもしれません。しかし、テレビゲームは能動的、あるいは主体的な遊びとは言えません。刺激的ではありますが、一方的に提示される映像や音に対処するものです。

遊ぶ力を養うためにも、「つくる遊び」をさせてみてください。泥団子をつくったり、草鉄砲をつくったり、昔からある子どもの遊びは、想像力がないとできない遊びばかりです。

それに、読書もクリエイティブな感覚を磨きます。読書は文字を追いながら、そこに書かれている場面や人物の心情を思い描いていくものです。自分の頭で自由に〝つくる〟映像の世界は、テレビやパソコンの画面に映し出されるものよりもはるかに豊かです。その楽しさを知った子は、テレビゲームよりも読書のほうがずっと面白いと感じるようになるでしょう。

⑥言語化する力

見聞きしたことや自分の考え、感覚など、**あらゆることを言葉で表現する力**です。

ここまでお話ししてきた「生きる力」の総結集とも言えるかもしれません。

多くのヒット商品を手掛けている、ある著名なデザイナーの方は、自分のデザインをプレゼンするとき、デザインをビジュアルで見せるだけではなく、すべて言葉で説明できるように準備するそうです。

この部分はなぜ赤なのか。なぜこの濃度の赤なのか。「なんとなく」ではなく、それらの意味をすべて言葉にできて初めて、デザインしたと言えるのだそうです。

感覚を言語化することの意味は二つあります。一つは、第1章でもお話しした通り、言語という形で自分の中に蓄積させていくことが可能になるということ。もう一つは、人に的確に伝えることができるようになるということです。

一流のスポーツ選手が必ずしも一流のコーチになれないのは、多くの場合、素晴らしいノウハウを持っていてもそれを言葉で伝えることができないからではないかと思います。自分の中にあるものを的確に伝えられる要約力や語彙力、表現力などがあってこそ、相手を動かすこともできるのだと思います。

また、自分の気持ちを言語化できることも大切です。友だちと遊んだ帰り道、原因ははっきりとは分からないけれど、友だちとの会話で何か嫌な感じがしたな、ということは誰にでもあると思います。それを突き詰めて考えると、「ばかにするような話し方をされたな」というように、原因を洗い出すことができます。あるいは、「相手の話に嫉妬してしまっていたな」ということもあるでしょう。

そうして言語化できることで、気持ちが楽になることもありますし、「次同じように言われたら言い返そう」とか、あるいは「もう言わないようにしよう」と考えることもできます。自分が感じていることを言語化していくことで、自信を持って生きていくことができるようにもなるのです。

子どもの「言語化する力」を養ういちばんの方法は、たくさんしゃべらせることです。そのためには、お母さんが聞き上手になってあげてください。例えば、学校から帰ってきた子どもに「今日は何があったの？」、本を読んでいる子どもに「どんなところが面白いの？」と聞くといったようにです。

このとき大事なのは、返って来た答えの内容をジャッジしてはいけないということです。目的は、子どもから情報を得ることではなく、しゃべらせることです。「今日教科書に落書きをしたんだ」と子どもが話したとき、「そんなことしちゃダメでしょ！」と叱ってしまったら、子どもはそれ以上話そうとはしなくなってしまいます。

ただし、無理に話を引き出そうとする必要はありません。子どもが話したことに対して、「そうなんだね……！」「ああ、そうなの」と、受け止めてあげればいいのです。

それだけで、子どもは思う存分しゃべることができます。

もう一つ重要なのは、**会話に結論を求めないこと**です。「言語化する力」が発達段階にある子どもとの会話では、質問に対してとんちんかんな答えが返ってくるのはよくあることです。「今日は何をしたの？」「給食がおいしかったよ」というような会話です。

ついつい、「そんなこと聞いてないでしょ」と言ってしまいがちですが、長い目で粘り強く、「ああ、そうなの。よかったね」「うん、うん。それで？」と、聞いてあげてください。

また、漠然とした質問ではなく、具体的に問い掛けてあげてください。「今日はどうだった？」というように聞かれると、子どもの考えはいくらでも広がり、気分や思い付きで答えます。「今日は体育の時間に何をしたの？」といったように具体的な質問であれば、子どもは聞かれていることに答えるために自分の考えを整理しようとします。それが自分の意見を自分の言葉で表現する力を育てていきます。

「言語化する力」を育てるためには、もちろん読書も大事です。本には自分の知らない言葉や文章の表現がたくさん書かれています。それは無意識のうちに「サンプル」

を集める作業でもあります。語彙力や表現力は、自分の中に持っている言葉の多彩さに直結します。何か言い表したいことがあるとき、過去に仕入れたサンプルを用いることで、豊かな表現ができるわけです。

また、「書く」ことも言語化の大事なトレーニングです。表現力が拙くても問題ありません。事実の羅列をするだけではなく、感じたことを自分なりに表現しようとしていることが大切です。立派な作文でなくてもいいから、本当に感じたことを書いているかという視点で見てあげてください。

家庭でもこうした「たくさん話す、たくさん書く」という環境をつくってあげてほしいと思いますが、**言語化のトレーニングを始めるのには、然るべきタイミングがあります**。

子どもの特性は、10歳頃を境に大きく変わります。9歳までは、脳が作り上げられていく段階で、言語よりも感覚を育てることが優先されます。

例えば、一般的に9歳までは「甘い」という言葉よりも、「甘い」という感覚を覚えさせることが大切だといわれています。

10歳頃になると、今度はその感覚をどう使うかという段階に入ってきます。この時期の大きな変化は、「振り返り」ができるようになるということです。このときになって初めて、経験したことや覚えたことを振り返り、それを言語化して蓄積したり、伝えたりすることができるようになっていきます。言語化のトレーニングはここから始めるようにしましょう。

⑦やり遂げる力

自分の限界を破り、可能性の領域を広げるために必要なのが、「やり遂げる」ことだと思います。

「西郡学習道場」では、毎月1度、日曜日の朝9時から午後5時まで学習する、その名も「道場特訓」を行っています。1カ月の学習内容の復習を中心に行うもので、ときには漢字だけを徹底的に特訓するなどということもあります。学ぶこと、できること、分かることの喜びを感じることが目的です。

道場特訓の朝、参加する子どもたちはみんな文句を言いながらやってきます。「子どもがどうしても行きたがらないんです」と、途方に暮れたお母さんから連絡が入ることもあります。

そんな調子で、どの子も最初は嫌々勉強を始めるのですが、ある程度やり込んでいるうちに、すーっと力が抜けていきます。「やり始めたら集中する」ということができるようになっていくのです。そして、1日やり遂げたときには、**とてつもない解放感と達成感**を味わいます。

この経験こそが「道場特訓」の目的です。最後まで逃げずにやり遂げたという達成感が、自分はできるという自己肯定感、もっとやってみようという学習意欲に繋がるのです。

子どもが何かを最後までやり遂げたときには、その成果ではなく、やり遂げたことそのものを褒めてあげてください。

ある男の子は、中学校の野球部で最後まで補欠でした。結局、彼は最後まで一度も試合で打席に立つことはできませんでした。彼の親御さんは、「たとえ補欠でも、最後までやり抜いたことはレギュラーになる以上に価値のあることだ」と伝えてあげたそうです。

その言葉で彼は、自分自身を認めることができたはずです。もし途中で部活を辞めていたら、レギュラーになれなかったという劣等感だけが残っていたのではないでしょうか。

「すぐにできるものはない。だから努力を続ける」「あきらめずに何か方法を考える」などという姿勢も、「やり遂げる力」を伸ばすためには必要です。何かをやり遂げたという経験をすることは、その後の人生に大きな影響を与えます。「これ以上は無理かもしれない」というような限界を感じたとき、それでも壁を乗り越えていく。そうした力になるのです。

社会に出てから何かを「やり遂げる」という経験をするのは難しいものです。仕事では、どこまで取り組めばやり遂げたと言えるのか、明確な区切りがないもののほうが多いでしょう。しかし、そこで努力を続けたり、想像力を働かせて工夫したりできれば、途中で仕事を投げ出すことなく取り組むことができ、自分なりにやり遂げた達成感を味わうことができるのではないでしょうか。そうした大人になるためにも、子どものうちに「やり遂げる」経験をさせてあげてほしいと思います。

西郡学習道場流「七つの生きる力」

❶自律する力
- 当たり前の生活習慣やモラル、マナーを守る
- できたふりをしない。自分をごまかさない

❷見極める力
- ものごとの動きや他人の心など、目に見えないものを感じる
- 目の前の人やものごとの本質を見抜く

❸試行錯誤する力
- いろいろなことにチャレンジする
- 失敗したら、また別のやり方を考える

❹殻を破る力
- 一度完成させた自分の「殻」を破壊する
- 意識しなくても当たり前のこととして挑戦する

❺面白がる力
- 遊びと同じようにワクワクした気持ちで勉強する
- ただ楽しいだけではく、夢中になって能動的に遊ぶ

❻言語化する力
- 自分の気持ちなど、あらゆることを言語化して蓄積する
- 言いたいことを他人に的確に伝える

❼やり遂げる力
- 一つのことを最後までやり抜く
- 自分の限界を破り、可能性を広げる

「生きる力」が受験のための学力も伸ばす

本質的な学習に立ち返る

これまで、西郡学習道場流「七つの生きる力」についてお話ししてきました。

読者のみなさんの中には、「遊んだりスポーツをしたりするよりも、勉強をしてほしい」と考える方もいるかもしれません。しかし、**生きる力を育てることと、学力を身に付けることは矛盾しません**。

繰り返しになりますが、大学受験は大きく変わろうとしています。そこで求められるのは「生きる力」です。それは、何も新しいことではありません。従来の教育体系の中にも、「生きる力」を育てる学習はありました。しかし、効率的な学習が求められるようになることで、どうしてもその本質から外れざるを得なかったのです。

視点を戻せば、いまある教科の勉強で「生きる力」を学ぶことができます。三角形の面積の出し方を教えるとき、すぐに公式を覚えさせるのではなく、「どうすれば面積を出せるか」をまず考えさせる。そのときにヒントとして、「あなたは四角形の面積の出し方は知っているよね？」と付け加える。

効率良く答えを出すのではなく、時間はかかっても自分で考える。いままでずっと無駄と見なされ、切り捨てられがちだった学び方に立ち返るということです。そのことで、将来を生き抜く力が身に付き、併せて学力も上がります。そこに、**テストの点や大学入試の合格という結果も付いてくる**のです。

学歴に変わるものがあるか

私たちは学歴社会を否定したいわけではありません。「学歴なんて」と言う人ほど、自分の学歴を自慢するものです。「学歴なんて必要ない」と言うのであれば、「じゃあほかに何を持っているのか」と聞かれたときに、何と答えることができるのか。それを提示できない限りは、どうしても負け惜しみになってしまいます。

「生きる力」を育てるための勉強が必要だということが、大学受験に失敗する理由にはなりません。やはりしっかりと勉強しないから落ちるわけです。

私たちが言う「生きる力を養うための勉強」と、現在の学校教育の違いは、**自分で時間をかけて考えるのか、正しいとされるやり方をいかに効率良く再現するかの差だけ**だと思います。ただ、テストではやはり一部の能力しか測ることはできません。その限られた能力を、決められたやり方だけで学んでいくということは危険だとお伝えしたいのです。

学歴社会で学ぼうとしていることが、自分にどんな力を与えてくれるものなのか、世の中のためになるものなのかを、子どもに見極めさせることが重要です。

そのためには、子どもが自分で自分のために勉強をしなければいけません。「やらされる勉強」ではなく、自分はなぜこの勉強をするのか、将来どんな役に立つのか、「**自**

分事」として取り組むからこそ、勉強が身に付きます。続く第3章では、そのことをお話ししていきます。

COLUMN

生きていてくれれば、それだけでいい

「花まるグループ」のNPO法人が開催するバリアフリーコンサート「Shining Hearts' Party（シャイニング・ハーツ・パーティー）」の会場で、「先生」と声を掛けられ、振り向くとYさんがいました。5年ぶりの再会です。

彼女は「花まる学習会」の卒業生で、おとなしいけれど芯の強い子でした。県内有数の進学校に入学した彼女は、学校のスキー教室で事故に遭いました。意識不明の娘を、両親は数カ月もの間、必死で看病しました。

「この子が生きていてくれれば、それだけでいい」

お母さんはそう願ったそうです。

祈りが通じてYさんは意識を取り戻しましたが、全身麻痺《まひ》の後遺症が残りました。ある日、お母さんから連絡がありました。Yさんが英語検定を受けたがっているとのこと。会場に来た彼女は、車イスに乗り、会話も不自由でした。

コンサート会場で彼女と再会したのは、それから5年後のことです。私の前に現れたYさんは、まだ不自由さは残るものの、自分の足で歩いていました。そして「将来は海外で働きたいと思っています。また学校に行きます」と、明るく話してくれました。

英語検定を受ける。また学校に通う。身体が不自由になってしまっても、学びたいという欲求は消えない。そして学ぶことで、身体も回復していく。その姿を通して、生きることは学ぶことだと、彼女は私に教えてくれました。

そして、その日の私の学びはもう一つ。

コンサート会場から駐車場まで、私は彼女と手を繋ぎ、車までエスコートさせてもらいました。それは、とても幸せで得難い時間でした。

「生きていてくれれば、それだけでいい」

Yさんのお母さんのかつての言葉に、子育ての神髄を教えていただきました。

第3章

「自分事」としての勉強法を身に付ける

「やらされる」から「やってやろう」へ

できないことをできるようにする

勉強が、親や先生に「やらされている」ものである限り、「確かな学力」は育ちません。それは社会に出てからも同じです。やらされているという意識で仕事をしていても、良い結果は出ないはずです。**自分で考え、能動的に掴み取ったものしか、自分の中には残らない**のです。当事者意識を持って主体的に、つまり「自分事」として勉強に取り組むことができて初めて、そこに到達することができます。

「自分事」として学ぶということは、自分の学び方を、自分でつくっていくということとでもあります。

子どもたちに漢字の書き取りをさせると、「先生、書き取りは何回すればいいんですか？」と聞いてくる子がよくいます。しかし、何回書けば覚えられるかは人それぞれに違います。３回書いただけで完全に覚えてしまう子もいれば、１００回書いてようやく、間違えずに書けるようになる子もいます。自分に必要な回数は、自分自身で見極めるしかありません。「何回書くかは自分で決めなさい」。私たちはいつもそう答えています。

自分を基準とした、オリジナルの学習スタイルをつくり上げる。それを言い換えれば、**自分という人間の基軸をつくる**ということです。人生で起きる問題は、すべて自分で解決するしかありません。決まった公式もなければ、誰が教えてくれるわけでもありません。

自分なりの学び方を持っていれば、人生で直面するさまざまな課題に対応することができます。社会に出るまで学校で勉強する期間は、その一生ものの基軸をつくるためのものであると思います。

すでにお話ししましたが、学習とは「できなかったことをできるようにすること」です。自分のできないことが分かってこそ、それをできるようにするにはどうすればいいかを考えることができます。あるいは「自分は言語力が弱いから、その分計算能力をもっと磨こう」というように、足りないものを別のものでどう補うかということも考えられるようになります。

自分を知らないままでいると、自分を過大評価してプライドだけが高くなってしまいます。それを守ろうとするあまり、挑戦や勝負を避け、結果としてニートと呼ばれるような状況になってしまうケースもあるのだと思います。学びや人生を自分の力で切り拓くことは、自分と向き合うことから始まるのです。

子どもの遊びに手を出し過ぎない

「自分事」の勉強ができる子とできない子の違いは、問題のプリントを渡した瞬間に分かります。前者は、「やってやろう」と目を輝かせてすぐに食らいつこうとします。

そういう子は一生その性質を持ち続けるでしょう。

そのように、自然に面白がって取り組む子に育てるためには、これまでお話ししてきたように、何もないところから自分で遊びをつくり上げる経験が重要です。もっと楽しい遊びができないか、どうすればもっと面白くできるかという貪欲さがそこで育まれます。

外遊びをさせることは難しいかもしれませんが、子どもは本来、どんな環境でも自分で遊びをつくって楽しもうとするものです。大事なのは、子どもの自由な遊びに、親が手を出し過ぎないことです。

子どもが退屈したり、騒いだりしないように、子どもに要求されるままにゲームやおもちゃを与えることがあると思います。もちろん、ある程度は仕方がないと思いますが、子どもが「つまらない」と感じているところから、**自分で遊びを考えようとするのを待つことも大切**です。

ただし、子どもの遊びに手を出してはいけないと一概に言えるわけではありません。

例えば子どもが積み木ブロックで遊んでいるとします。お手本を見せず、自由な発想でつくらせたほうが熱中する子もいれば、お手本を見ながら、それに近付けていくのが楽しいと感じる子もいます。あるいは、何もないところからつくり始めて、ある程度経ったところでヒントとしてお手本を見せてもらうと、やる気が加速する子もいます。その子の特性や、遊ぶ力を見極めた上で、それに合わせて引き上げ方を工夫するようにしましょう。

また、**親が「遊び上手」になって、子どもと遊んであげる**ことも意識してみてください。ただ楽しく遊ばせるだけでなく、子どもが主体的に取り組むように、導きながら遊んであげるということです。

例えばキャッチボールです。どれくらいの距離で投げ合うか、どんな球を投げるかは、子ども自身に決めさせるようにしましょう。

キャッチボールは、投げる側も受ける側も、主体性なしにはできない遊びです。決められていることは、お互いに球を投げ合うということだけ。どこに球を投げるか、投げられた球をどう受け取るかは、毎回自分自身で判断して、対応しなければいけません。

さらに言えば、キャッチボールは自立の象徴でもあると思います。相手が取りやすいように、あるいは少し外れても取ってくれるだろうと投げていたのでは、面白くありません。自分の意思で投げたい球を投げ、相手はそれをしっかり受け取る。それは自立した人間同士が向きあうということです。そうした関係性が、真の理解者としての繋がりをつくっていくのです。

子どもだからできないと決めつけて、何でも手取り足取り教えながら遊ばせようとすると、子どもが自分で考えてやってみようとする機会を奪うことになります。どこまで手本を示すか、どの程度までやり方を教えるか。そのさじ加減を調節しながら、上手にリードしてあげてください。

難しいことのように思えますが、「教育のために」と考えるのではなく、「子どもが楽しんでいるかどうか」という視点で捉えれば、おのずとその子どもに合った遊ばせ方が見えてくると思います。

「できない自分」に向き合わせる

「できたふり」をしてしまう子ども

難しいのは、「自分事」の勉強ができているかどうかと、テストの点数や成績は直接結び付かないということです。大人の顔色を読む子、**褒められることばかりを求めている子は、ある時点までは優等生であることが多い**傾向があります。褒められるために勉強をしますし、親や先生が求めているものを察することに長けているので、先生の評価が加味される内申書では高い点数が取れるのです。

ただ、その後伸び悩むケースが多く見られます。親に褒められることが勉強の動機になるのは幼い頃だけです。高校までは順調に進むことができても、その後の段階で壁にぶつかる可能性が高くなります。少し器用な子であれば、中学校までは「褒められるため」の勉強でも、ある程度の点数を取ることができます。しかし、高校では自分で主体的に取り組むことができなければ、日々の勉強の理解が難しくなります。読者のみなさんの周りにも、中学校までは優等生だったのに、高校に進んだ途端、成績が悪くなるような同級生がいたのではないでしょうか。

大人に迎合しなくても、自分をきちんと見て評価してくれる人はいるのだということに、早いうちに気付かせてあげることが重要だと思います。

周りの評価ばかりを気にする子は、思春期に弱さが出てきます。そういう子は「できない自分」を人に知られることを怖れ、「できたふり」をするようになります。その端的な例がカンニングです。できない自分を取り繕うことに必死になり、嘘をついてまでも、できている自分を演じようとしてしまうのです。

「カンニング少女」が学年トップに

「できたふり」をしてしまう子に対して、私たちがすることは、「できない自分」に直面させることです。認めたくない自分を直視し、泣き崩れて、そこから這い上がるしかないという思いが生まれたとき、初めて「自分事」としての学習に取り組めるようになります。

ある女の子は、特に算数が嫌いで、カンニングばかりしていました。そして、授業で習ったことを、すぐ「分かった」と言います。

それは先生の言ったことが「分かった」だけです。第2章でお話ししたように、人に教えられて「分かる」ということは、自分の実力ではありません。そこで私たちは、徹底的に基礎の咀嚼をさせることにしました。一つの問題について、ひと通りできても、また最初に戻す。「すらすらできる」まで何度もやらせます。

しかし、なかなかすらすらできるようにはなりません。そこで彼女は初めて、「できない自分」を正面から突き付けられました。いままで味わったことのない苦しさに泣き出してしまいます。それでも逃げられません。立ち向かうしかない。自分でやるしかありません。

そこから彼女は、やらされているのではなく「自分事」として食らいついてきました。それまでは勉強していてもどこか浮ついた様子でしたが、自分を取り繕うのをやめたことで、脇目もふらず机に向かうようになりました。そして少しずつ、苦手だった算数の点数も伸びていきました。

彼女は中学受験に合格し、私立の女子校に入学しました。入学後、彼女に大きな変化が起きました。あれほど算数が苦手で、カンニングまでしていたのに、数学が好きになったのです。算数や数学を嫌う子どもは多いですが、基礎をしっかり教えてあげれば、絶対に嫌いにはならないはずです。

これまでの勉強で算数の咀嚼《そしやく》ができていたので、中学で習う数学がスムーズに理解でき、面白いと感じられたようです。そして、入学してすぐのテストで、いきなり学年トップになりました。

自分に自信が持てるようになった彼女は、生き生きと学校に通うようになりました。勉強に主体的に取り組むのはもちろん、生活でも自分のことは自分でやるようになり、親御さんが驚くほどの変化が現れたそうです。

さらに、学校の行事などで率先して役割を果たしたり、いじめられている子を気に掛けたりと、みんなをリードできるようになりました。それは彼女に余裕ができたからです。その余裕は算数が嫌いだった自分が数学を好きになれた、苦手を克服できたという自信から生まれたものだと思います。

彼女のお話には、もう一つおまけがあります。いまは大学生となった彼女は、「花まる学習会」にアルバイトに来ています。授業補助などを行うスタッフとして、昔の自分のような、学習で悩みを抱えている子どもたちを親身にサポートしています。

私たちは、彼女をただ、自分に向き合わせただけです。教育者であっても、親であっても、**子どもに何かを教えられると思うのは不遜《ふそん》**ではないでしょうか。学びはすべて、子どもたち自身が掴み取るものです。そのために、まず自分に向き合わせる。大人たちはその機会をつくってあげるだけでいいのです。

テストや受験を上手に利用する

盲目的にテストの点や受験の合否だけを基準に勉強していては、「自分事」の勉強は身に付きません。ただし、自分に向き合わせるという点で、テストや受験といった機会も役立てることができます。

目標や理由がないのに、自発的に勉強に取り組むということは、大人でも難しいことです。ただ漠然と「勉強は大事だから」と言うだけで、子どもを勉強に向かわせることはなかなかできません。

テストや受験のメリットは、明確な目標ができることです。点数や合否という明らかな結果が出るので、そこに向けて良い意味で子どもを追い込むことができ、子どもの意識の変化を促しやすくなります。

大きな目標に向かって、壁を乗り越えようとする。そこで必然的に、自ら勉強に向き合うことになります。合格という結果のためだけでなく、**勉強の姿勢づくりのため**

に中学受験を利用するという考え方もできます。

難関校の試験では、高いレベルの思考力が問われる問題が多く出されます。受験勉強で、学校の勉強ではなかなか出会うことのない良問に取り組むことは、思考力を伸ばす本質的な学習の機会になります。

また、テストは「自分を見るための鏡」にもなります。例えば、自分はテストの前に、どのタイミングでどれくらい復習しておけば、テストで問題を解くことができるのか。自分の能力や、自分の勉強法が有効に機能しているかどうかを、客観的にチェックすることにも役立ちます。自分を知る手段の一つとして、テストを活用することもできるのです。

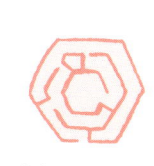

「自分事」の勉強が集中力を磨く

勉強の時間にメリハリをつける

「自分事」の勉強をしている子どもは、周囲のことを気にせず、深い集中状態に入ることができます。そうしてより勉強ができるようになることで、どんどん楽しくなり、集中力も増していくという好循環が生まれます。

こうした力をより伸ばしてあげたいものです。集中力を磨くために有効なのが、複数の課題を短い時間で切り替えて行う方法です。

佐賀県武雄市の全小学校では、朝、授業が始まる前の時間帯に、「花まる学習会」のメソッドを取り入れた勉強を行う「花まるタイム」という時間を設けています。子どもたちはこの時間に、「音読」「計算」「書写」「平面・空間認識」の四つの勉強を、3分ずつ切り替えて行います。

限られた時間の中でやらなければいけないという制限が、集中力を磨きます。さらに、それをテンポ良く切り替えて行うことで、さまざまなことにすばやく対応する力を育てます。

家でも、**短い時間に集中して勉強させて、その後の時間は自由に遊ばせる**といったメリハリを持たせられるといいと思います。

また、後回しにせずできるときにやってしまうことが、勉強や仕事がうまくいく秘訣です。「あと10分で夕食」というとき、「夕食を食べてからゆっくりやろう」ではなく、「じゃあ、その前にさっさとやっちゃおう」と、宿題を片付ける。時間が限られることで集中できますし、夕食後も楽しい時間になります。

どんなことでもすぐやるという習慣があれば、勉強も自然とそうなります。そのためには**親自身が自分のやるべきことを後回しにしない**習慣を持たなければいけません。

洗い物が残っているのに、子どもに「すぐに宿題をしなさい」と言っても、説得力はないでしょう。習慣とは、歯磨きのように意識しなくてもできるようになることです。最初は大変かもしれませんが、いずれ形になります。少しずつ始めてみてください。

そのときには、子どもにも手伝ってもらうようにしましょう。さっさとやれば、すぐに片付いてきれいになる。その快適さを子どもにも実感させることができます。

ただし、思い違いをしてはいけないのは、**こうした習慣づくりが勉強の結果にすぐ結び付くとは限らない**ということです。せっかちに効果を求め過ぎてしまうと、子どもは負担に感じます。子ども自身がその習慣を勉強にも活かせるようになるまで、長い目で見てあげましょう。ずっと我慢して見守ることも親の大事な役目です。

どんな場所でも勉強できるように

勉強する時間についてはメリハリが必要なのですが、勉強する場所については、どこでもできるようになることが理想です。

自分の部屋で勉強しているだけでは、本当に集中できているとは言えません。勉強に向かない環境で集中できてこそ本物だと言えます。

そのために、あえてみんながいるリビングで勉強させるということも良いと思います。子どもが勉強をがんばっているからといって、ほかの家族が気を使う必要はありません。子どもが「勉強しているんだから静かにしてよ」と言うなら、そこで勉強をするから意味があるのだと教えてあげてください。

お父さんがソファーに寝転んでテレビを見ていてもいいのです。親と子どもは違う。それがはっきりとしていない家庭の子どもは勉強ができない傾向があります。「お父さんも昔勉強をがんばった。いまはあなたが修行するときなのだ」と、親子で共有できるようにしてほしいと思います。

COLUMN

「サマースクール」の涙（前編）

楽しかった「サマースクール」の最終日、事件は起きました。

「サマースクール」では、子どもたちはグループに分かれて行動します。各グループは学年の違う子どもたちで構成されていて、大人のリーダーが世話役につきます。

最終日には、そのリーダーが子どもたち一人ひとりに賞状を手渡します。その賞状には、子どもたちそれぞれのエピソードが書かれているのです。

前日、リーダーはグループの子どもたちのことを思い浮かべながら、「サマースクール」に参加してくれたことへの感謝の気持ちを込めて、夜遅くまでかけて賞状を書き上げます。それを本人の前で読み上げる賞状授与のイベントは、「サマースクール」の総仕上げです。

互いに涙しながら手渡し受け取る、象徴的なシーンとなるはずでした。しかし、ある女の子が、賞状を読み上げられた途端、顔を膝に伏せて大泣きし始めてしまいました。

感動の涙ではありません。賞状に書かれていたのは、彼女自身のエピソードではなかったのです。心待ちにしていた賞状だけに、ショックは大きく、大泣きするのも無理はありませんでした。

彼女の「サマースクール」の思い出は、いっぺんに吹き飛んでしまいました。リーダーも自分の失敗に気付き、中し訳なさのあまり狼狽して、放心状態になってしまっています。

そのうちに、帰らなければいけない時間も迫ってきました。嗚咽《おえつ》の止まらない彼女に、私の言葉が響くことはないと分かっていましたが、私は彼女に声を掛けました。

後編に続く

第4章

子育ての極意は「子離れ」

愛情だけでは子どもは育たない

障害を持つ子のお母さんが語った極意

子どもの自立のために親ができることは、突き詰めれば、手を掛けるのではなく、手を離すことです。

「子育ての究極は、子離れです」

障害児支援を行っている、あるNPOの代表者の方はそう言いました。そして、こんなケースについて話してくれました。

あるお母さんには、障害を持つ子どもがいました。生まれてからずっと、付きっ切りで面倒を見ながら育ててきました。しかし、その子が思春期に入ると、お母さんに反発するようになりました。お母さんも我慢できずに、きつい言葉を返してしまうようになり、親子関係がうまくいかなくなったそうです。

お母さんは悩んだ末に、生活面で不都合のないよう、ヘルパーを手配するなどの準備をした上で、子どもを置いて家を出る決断をしました。

障害のある子を一人にすることは、当然、不安も大きいものでした。しかし、お母さんと離れることによって、その子は初めて自分のことを自力でできるようになりました。

それまでは何かしようとする度に人の手を借りようとしていたのが、まずは自分でどうにかしようとするようになった。そうしてチャレンジして、一つひとつのことができるようになっていったそうです。

同時に、いつも世話をしてくれていた親のありがたさを痛感することにもなりました。結果的に、子どもは自立のきっかけを掴み、親子の関係も良好なものになったのです。

「障害者だからこそ、親が世話をしてあげるのが当然だとずっと考えていました。親に子どもと離れる気持ちがないから、子どもが自立できなかったんだな」

お母さんはそのように話していたそうです。

親がたっぷりの愛情を子どもに与え、子どもがそれを十分に受け止めることは、何よりも大切です。しかし、やはりどこかで**親が子どもと離れてあげないと、子どもは自立できません**。

語弊を招く言い方になってしまうかもしれませんが、障害のある、つまり、人よりうまくできないことが多くある子どもを持つ親でさえ、子離れが大事だと実感している。その意味をしっかりと考えたいものです。

たっぷり愛して10歳から子離れ

子離れが大事だとはいえ、幼い子どもを放っておいては、危ないばかりです。では、いつから子離れを意識すればいいのでしょうか。

それを考えるには、**子どもの特性が、ある時期に大きく変化することを理解しておく**必要があります。

幼児期の子どもと思春期以降の子どもは、オタマジャクシとカエルくらい違う生き物です。９歳までの幼児期がオタマジャクシ、11〜18歳までの思春期がカエルだとイメージしてください。

オタマジャクシの時期は、脳の機能の形成段階です。行動は本能的で、「うるさい」「落ち着きがない」が当たり前です。目の前のことにまっしぐらで、日々の経験を振り返ることはまだできないため、計画性もなければ反省もしません。

ですから、この時期の子どもに「おとなしくする」とか「一度叱られたことは二度としない」といった考え方や行動を求めることは、ほぼ無意味です。

この時期の子どもに何より必要なのは、親の愛情をたっぷり感じさせてあげることです。すでにお話しした通り、このたっぷりの愛情が、「自己肯定感」の土台になります。したがって、この時期は親子が密接であることが必要です。

オタマジャクシからカエルに成長する10歳くらいから、経験を振り返ることや物事に計画的に取り組むといったことが可能になり、大人に近づいていきます。

同時に、この時期に入ると、部活や習いごとなど、親以外の「外の師匠」や友だちとの関わりから大きな影響を受けるようになります。自立心や自我が芽生えてくるのもこの頃です。**ここからが子離れのタイミング**です。

子離れを意識する上で重要なのは、それが親の愛情を示すものでなければならないということです。親が子どもに手を焼いて突き放すのではなく、「一緒にいたいけど、あなたのために距離を取るのだ」という姿勢であってこそ、子どもも自然に受け入れ、親離れすることができるのです。

子どもの自立のために親ができること

子どもが劇的に変わる山村留学

「子離れ」の方法として、まず具体的に挙げられるのは、**子どもを物理的に親元から離す、文字通りの「子離れ」です。これが何より子どもの自立を促します。**

長野県の北相木村では、地域外の子どもを原則1年間、山村留学生として受け入れるプログラムを実施していて、「花まる学習会」も提携しています。自然豊かな環境の中で、子どもたちは地元の小学校に通い、集団生活や農家でのホームステイなどを経験しながら過ごします。

留学当初は親元を離れる寂しさに加え、テレビもゲームもコンビニもないという環境の変化に、都会から来た子どもたちの多くは戸惑います。しかし、村の人たちに温かく迎えられ、地元の子どもたちや留学生仲間たちと、思い切り遊び、時にはケンカして絆を深めながら過ごすうち、どの子の表情も目に見えて生き生きとしてきます。

初めて村に向かうとき、バスの中で不安がって泣いていた子が、留学期間が終わりに近づく頃には、「まだがんばりたいことがあるから戻りたくない」と、親に泣いて訴えるといったこともよく見られる姿です。

子どもの様子を見るために村を訪れた親御さんたちは、授業で体を乗り出すように手を挙げていたり、熱心に下級生の面倒を見ていたり、村の人が教えてくれる太鼓や踊りに熱心に打ち込んでいたりと、すっかりたくましくなっている我が子の姿に目を見張ります。

最初は小学生の子どもを手元から離すことに不安を感じていた親御さんも、親を恋しがらない子どもの姿に寂しさを感じつつ、次第にその成長ぶりを頼もしく感じるようになるようです。

「離れたことで、親子の絆をいままで以上に強く感じるようになった」「子どもの表面的な部分ではなく、内面を見ようとするようになった」というような声もよく聞きます。山村留学という形での子離れは、想像以上の変化を親と子の両方にもたらします。

「自分でやるしかない」と思い知る

山村留学したある男の子のお母さんは、彼が帰ってきてから、家の中のある異変に気付きました。トイレがいつもピカピカなのです。不思議に思っていたところ、彼が黙って掃除していたことを知り、とても驚いたそうです。

山村留学中に子どもたちが生活する施設では、大人は子どもたちに対して「掃除をしなさい」とは言いません。誰にも命じられはしないものの、汚いままでは困ってしまうので、子どもたちは自分たちで分担を決めて掃除をします。

家では、トイレが汚くてもお母さんが掃除してくれますが、山村留学では汚いことに気付いたら自分で掃除するにしろ、トイレ掃除を担当している子に伝えるにしろ、自分で対処しない限りきれいにはなりません。

その男の子も、山村留学中の生活で、**「自分でどうにかすること」が当たり前**になっていました。それが、家のトイレを自発的に掃除することに繋がったのでしょう。

そして、もう一つの大きな変化は、彼のお母さんの表情がとてもにこやかになったことです。

以前のお母さんは、子どもに対して過干渉気味で、子育てに関していつもキリキリしている様子でした。おそらく子どもとの距離があまりにも近くなり過ぎていたのだと思います。山村留学で子どもと離れたことでちょうどいい距離感になり、帰ってきた我が子の自立した様子を見て、すっかり精神的に安定したようです。

山村留学を経験した子は、その後、海外留学をするケースが目立ちます。親から離れて生活するという、子どもにとっての最大級のチャレンジを乗り越えたことで強い自己肯定感が生まれ、未知の世界に飛び込んでみようという意欲が生まれるのだと思います。

「自分は一人」という孤独を経験する。それは、自立までに通らざるを得ない道です。

他者に頼らず、自分一人で引き受けるという覚悟はそこから生まれます。自分は一人であることを思い知って初めて、自立することができるのです。

そして、自分が引き受けた場所の掃除をするのは自分しかいない。自分でやらなければどうにもならない。それと同じ意識レベルで取り組むのが本当の勉強です。孤独を経験することと、「自分事」の勉強のために必要な「できない自分」に向き合うことは同じ次元の経験なのです。

できることから少しずつ

山村留学のように、長期間子どもと離れるのには抵抗のある方も多いと思います。また、こうした取り組みをしている地域も限られていますし、経済的な面での問題もあると思います。

長い期間離れなければいけないというわけではなく、**1週間、あるいは数日といった期間でも子どもたちは大きく変わります。**

2泊3日、3泊4日といった期間で開催する「野外学習」に参加する子どもの中には、最初はホームシックで大泣きし続ける子もいますが、そんな子ほど変わります。いつもお母さんがそばにいて、何でもしてもらえるという生活が破られる体験は、想像以上に強力なのです。

また、おじいさん、おばあさんの家に預けたり、友だちの家へのお泊りや簡単なキャンプのようなことでもいいと思います。いつも当たり前にいる親がいない、自分で自分のことをしなければいけない状況に、子どもたちを送り出してみてください。

家庭の中では、勉強に口出ししない、自分でできることは自分でやらせるといったことを意識してみてください。「お風呂掃除はあなたの役目」というように、家庭内で子どもに役割分担を与え、**家族の一員としての責任を負わせる**のもいいでしょう。「この掃除は自分がやらなければいけない」という意識が、「この勉強は自分がやらなければいけない」という自主性に繋がっていきます。

簡単なように聞こえますが、実際にやってみると、ついつい手や口を出してしまうものだと思います。「今日から子離れだ！」と気負う必要はありません。少しずつ始めていきましょう。

最初は親が後ろから押してあげる

ただし、親は勉強に一切手出しをせず、子どもの自主性に任せるべきかというと、そうとは言い切れません。親が最初から何もしなくても、自主的にしっかりした勉強ができるのは、ごく一部の子だけです。

自転車の練習と同じで、**最初のうちは親が後ろから押してあげることが必要**です。何をどこまでどう進めるかという勉強法を、最初は示してあげて、ある程度自力で進められるようになったところを見極めて、手を離すようにします。

毎日「勉強しなさい」と言っていては、子どもは自主的に勉強するようにはなりません。普段はうるさく言われないけれど、ある日お父さんが参考書を一冊買って机の上に置いてくれていた。そんなことが、本気で勉強を始めるきっかけになったりします。

中学受験は「親の受験」といわれます。合格に向けて確実に学力を上げていくための勉強を子ども一人でするのには限界があります。**限界の一歩先を提示しながら、少しずつ引き上げてあげる**のが親の役目です。

「あなたはどう思う？」

親や周りの大人の顔色をうかがうのではなく、自分で考える子にするためには、子どもに考える「間」を与えることが必要です。

親がこうしなさい、ああしなさいと子どもにただ指図していると、子どもはそれに従うだけで、自分で何をするか考える必要がなくなってしまいます。

「こうしなさい」を、「あなたはどう思う？」という問い掛けに置き換えることを意識してみてください。「部屋を片付けなさい」ではなく、「この部屋をきれいにするにはどうしたらいい？」と、子どもに尋ねてみます。この問い掛けを意識すれば、生活の中で子どもに考えさせる機会はいくらでもあります。

「公園に行く支度をしなさい」ではなく、「公園に何を持って行く？」と尋ねる。「明日はおばあちゃんの家に行くよ」と伝えるだけでなく、「何をおみやげに持っていってあげたら、おばあちゃんは喜ぶかな?」と、意見を求める。どんなことでもいいので、「あなたはどう思う?」と考えさせる会話を増やしてみてください。

考えさせるだけでなく、その答えを言葉で述べさせることも、この会話のポイントです。第2章でお話しした、自分の考えを自分の言葉で説明する「言語化する力」を育てることに繋がっていきます。

親の期待が子どもを傷つける

虚像を押し付けていないか

「子離れ」とは、子どもが一人の人間として育っていくということを、親が受け入れることだと思います。

子どもは親とは別の人生を生きていきます。親が「こう生きてほしい」と期待するのは当然ですが、その**期待が実際の子どもの姿からかけ離れた虚像だと、子どもにとっては不幸**です。親は自分でも気付かないうちに、成功している子どもの姿を思い描き過ぎてしまうことがあります。

子どもが親の期待にそぐわない行動をしたとき、親が少しでも子どもを蔑視すると、子どもはそれを敏感に感じ取ります。そこで子どもは傷つき、ますます親の期待にとらわれてしまったり、あるいは期待をはねのけようと反抗的になったりしてしまいます。

親としては、やはり自分の失敗を子どもに繰り返してほしくはないと思うでしょう。受験に失敗した女性ほど教育ママになる場合が多いものです。また逆に、「両親とも高学歴なのに、なんでうちの息子は勉強できないのか」と悩まれる親御さんもいます。

そうしたとき、私たちはいつも**「子どもの実像を見てください」**とお伝えしています。「お母さん、お子さんを見てください。確実にがんばっていますよ」と。

子どもからしてみれば、親が受験に失敗していようが成功していようが、それを基準にされるのであれば、たまったものではありません。そうした悪い意味での期待も、子どもは確実に感じているのです。

期待通りじゃつまらない

大事なのは、自分の子どもそのものを見て、信じてあげることです。「テストで良い点を取ってほしい」「行儀の良い子になってほしい」と、子どもの実像を見ずに虚像を思い描いてしまうのは、**親自身が見栄や世間体にとらわれている**からだと思います。

それを取り払った、あるがままの自分として子どもに向き合うことが必要です。子どもを変えたいと思うのなら、親自身も変わらなければならないのです。

親からの期待は、子どもにとって大きなモチベーションにもなるものです。その期待が、親の見栄ではなく、子どもに対する愛情に基づくものであるかどうかが重要です。どこかから借りてきたような「良い子像」に、子どもを無理に当てはめようとするのではなく、いまの子どもの実像を見て、「ここをもっと伸ばしてほしい」と期待するほうが、子どもにとっても励みになるはずです。

親の期待を裏切ってでも、子どもが自分のやりたいことに向かっていくのであれば、それも大きな成長です。子どものやりたいようにさせた結果、子ども本人が進む方向と、親が期待する方向がたまたま合致することもあります。あくまで、たまたまです。多くの場合は、**親の期待と子どもの選択は違うもの**です。自分自身が育ってきた過程を考えれば、そのことがよく分かるのではないでしょうか。

子どもが、自分の期待通りに育つのと、親も想像しなかったような方法で自分の人生を切り拓いていくのと、どちらがうれしいでしょうか。

親の涙で破られた「型」

世界的に活躍されているある学者の方のお話です。彼は子どもの頃からずっと真面目な「良い子」だったそうです。しかし同時に息苦しくもあったと言います。

彼は中学生のとき、一度出来心で万引きをして補導されたことがあるそうです。親には絶対に知られたくなくて、警察でワーワー泣いて必死に謝ったそうですが、もちろん親の知るところとなり、結局親も泣かせてしまいました。

しかしこの失敗によって、結果的に彼は自分にはめられていた**「型」を一つ打ち破ることができた**と言います。その「型」とは、「親に褒められる自分でなければならない」という型だそうです。親が喜ぶ衣服を脱いだと言ってもいいかもしれません。

子どもがしつけを守るのは、「お母さんが喜ぶから」という面が多分にあります。もちろん、その動機付けがあるからこそしつけが成立するわけですが、成長するに連れて、「お母さんが喜ぶからやること」の中に、徐々に意味合いの違うものが混ざってきます。

それは、世間的な評価基準と親の期待が結び付いてしまっていることから始まります。「東大に入るとお母さんが喜ぶ」というような型にはまってしまっていると、自分自身が東大に行きたいと思っているのか、そうすることでお母さんに褒められたいだけなのかが分からなくなってしまいます。

先ほどの彼は、親を泣かせたことで、その型を一気に突き破ることができました。「1回泣かせちゃったんだし」と思うと気が楽になって、親に褒められる自分でいようという気負いがなくなったそうです。そこを一度突き破ってしまえば、それからはとことん主体的に、自分のやりたいことに向かって行けるようになるのです。

「型」を破ることが、非行に繋がってしまうのではないかと心配されるかもしれません。しかし、**幼児期の親の愛情がベースにあれば、大きく道を踏み外すことは絶対にありません**。

その彼も、最終的には自分自身が本当にやりたいと思うことに向かっていった結果として、東大に入り学術の道を極めていくことになりました。それは結果的に、親の望みとも合致するものだったのです。

親はどこまで子どもを守るべきか

「水を汲んでこい」

もし自分の子どもが、ほかの子に「コップに水を汲んでこい」と命令されている現場を目の当たりにしたらどうするでしょうか。

これは実際の体験談です。あるお父さんが自宅に帰ると、子どもが友だちに水を汲んでくるよう命令されていました。子どもは言われたまま、マンションの5階にある自宅まで駆け上がっていきます。

その姿を見てお父さんは愕然としました。「そんなことはやめなさい」と駆け寄ろうかと思いましたが、思いとどまりました。

子どもはいま、命令した子に逆らえないという思いで一杯です。そこに親が入っていってしまったら、子どもは板挟みで苦しむことになります。

それにお父さんは、この子がこのままずっと、人に命じられるままに水を汲みに行く人生を歩むのか、自分なりに対処して生き抜いていくことができるのかは、**結局子ども自身が選び取らなければいけない**と考えたそうです。同じようなことに直面する度に、親が助けてあげることはできないのです。

それからしばらく経ったとき、お父さんは担任の先生からの話で、子どもが学校でいじめられている友だちの相談相手になってあげていることを知りました。いじめられた経験を、子どもがしっかり成長の糧にしていることを実感し、安心するとともに、誇らしい気持ちになったそうです。

いじめを肯定するつもりはありませんが、困難な経験をすることで、他人に優しくなれたり、人間的に成長したりするなど、プラスに転じる場合もあります。親が介入し、先回りして危険や困難を排除してしまうと、その経験ができなくなってしまいます。

親にしかできない判断

誤解を恐れずに言えば、本物の「生きる力」とは、生と死の間をくぐり抜けるような、ぎりぎりの経験をすることでしか得られないものだと思います。

例えば、川や海などで事故が起こると、子どもの立ち入りが禁止されたりします。それは当然の措置だとは思いますが、怪我をするかもしれない、もしかしたら死んでしまうかもしれないという危険と隣り合わせで遊ぶからこそ、本物の自然体験ができるのだと思います。

子どもの身の安全を守ることは最優先です。危険な場所に立ち入らせるべきではありません。ただし、自然の中で生命力を磨くことと、その危険の両方を考えて、「そこに行ってはいけない」と判断するのと、ただやみくもに「危ないからダメだ」と禁止してしまうのとでは、まったく意味が違うと思います。

自然はそもそも死と背中合わせです。山登り一つにしても、どこにどんな危険が潜んでいるか分からず、安全を自分で確かめながら進まなければなりません。どんな自然体験にも、危険は必ず伴うのです。

だから山登りはやめさせましょうということになれば、子どもは「生きる力」を身に付けることはできなくなります。**危険を認識しつつ、経験させることがどうしても必要になる**のです。

自然の中では、一歩先には崖があるかもしれません。それを感知しなければ生き残れないという、一種の極限状態に置かれます。予定調和のない自然の中では、常に想像力が問われます。そこで「見極める力」が引き出されるのです。

生きていくことは、予測不可能なものに対応していくことの連続です。イレギュラーなものを面白いと感じて対応する力、逆境に行くほど楽しめる感覚は、ぎりぎりの経験をすることで育まれます。

いじめにしても、自然の中で遊ぶことにしても、子どもを危険にさらすべきだというわけではありません。子どもの身を守るためには、これ以上踏み込ませてはいけないという地点の手前で止めてあげなければいけません。**その線をどこに引くのかは、親にしか決めることができない**のです。

子離れできない母親の３タイプ

①子どもに逃げ込んでいる母親

「よし、子離れをしよう」と始めることができればいいのですが、自分では気付いていなくても、**無意識のうちに子どもに干渉し過ぎてしまう**母親もいます。

ここでは、そうした母親の典型を説明していきます。

一つ目は、自分に自信がなく、子どもに逃避し、結果的に子どもだけが生きがいになってしまう母親です。

このタイプの特徴は子どもに手を掛け過ぎてしまうことです。「子どもを自立させましょう」という内容の講演を深くうなずきながら聞いていたと思ったら、その帰りにはもう子どものカバンを持ってあげたりしています。冗談のような話ですが、実際によくある場面です。

母親が子どもに依存すれば、子どもも母親に逃げ込んでしまいます。カバンの例で言えば、本来は子どもも自分の母親にカバンを持たせることに疑問を持つはずですが、持ってもらうことが当たり前になってしまっているわけです。

そうした**相互依存状態になっていても、「愛情」という言葉が目隠しをしてしまう**こともあります。「子どもをかわいがることは親の愛情だ」と考えてしまえば、自分の行動を顧みようとはしなくなります。

いわゆる「親ばか」であることは悪いことではないと思います。子どもへの愛情と、依存してしまうことの線引きは難しいですが、「子どもに手を掛けすぎていないか？」「子どもも自分を頼りすぎていないか？」と、客観的に見る視点を持ってほしいと思います。

②子どもをペット化している母親

子どもに自分の思い描く理想の姿を求める母親です。こうした母親の場合、子どもも母親の望みに合わせて振る舞おうとします。子どもは親好みの「良い子」である場合が多く、母親もそれに満足しているので、表面的な親子関係は良好に見えます。

しかし、**子どもが「良い子」でいるのは、母親の機嫌が良くなるから**そうしているに過ぎません。少したとえが不適切かもしれませんが、飼い犬がエサ欲しさに「お手」をすることに似ています。

思春期になり、子どもに自立心が出てくると、親が望まない行動を取る場面も出てきます。子どもが自分の思い通りの子どもでなくなったとき、母親はそのギャップに戸惑い、なぜ自分の思い通りにしてくれないのかと悩みます。

「西郡学習道場」に通う、ある子どものお父さんはお医者さん、おじいさんもお医者さんでした。お母さんは何とか我が子も医者にしなければと、早期教育に熱心でした。

子どもも低学年の頃は優秀でしたが、ある時からまったく勉強をしなくなってしまいました。「お手」の延長で、やらされるままに勉強しているうちに、学ぶということ自体が苦痛なものだと刷り込まれてしまったのです。

こうした子どもは決して珍しくありません。「ペット化」状態にある子どもの特徴的なサインは、**何かにつけて母親の顔色をうかがう**ことです。母親と一緒にいるときに人に何かを質問されても、答える前に必ず母親の顔を見ます。

親を信頼しているからこそ判断を求めるという場合もあるのですが、子どもが必要以上に自分の顔色を気にしていると感じたら、自分が思う「良い子像」を子どもに押し付けていないか、自問してみてください。

③子どもを完全に理解しようとする母親

このタイプは異性である男の子の母親に多く見られます。

男の子は、母親の理解を超えた思考や行動を見せることが多々あります。「子どもが何を考えている分からない」という悩みは、男の子を持つ多くの母親に共通するものです。急に騒ぎ出す、集中が続かない。そうしたことから苛立ってしまう。あるいは子育てがうまくいっていないのだと自分を責めてしまいます。

子どもとの距離が近過ぎるために、そうなってしまう面もあるのだと思います。熱中できる仕事など、子育て以外に自分の世界を持っている母親や、ほかに女の子を持つ母親は男の子を良い意味で理解しようとしないように思います。**男の子というのはそういうもの**と受け止めることのできる母親であれば、子離れもスムーズにできます。

我が子とはいえ、別の人間です。理解しきれない部分があって当然です。それが異性の子どもであれば尚更です。**無理に理解しようとせず、元気でいればそれでいい**というくらいの楽観的な考え方も必要なのだと思います。

肩の力を抜いて子どもと向き合う

お母さんは十分がんばっている

さて、「子離れ」についていろいろとお話ししてきましたが、読者のみなさんからすれば、「それができればやっている」「自分にしか分からない苦労がある」と思われる方もいるのではないでしょうか。それは当然のことだと思います。現在のお母さんたちが置かれている状況を思えば、子離れができないお母さんが増えるのは、むしろやむを得ないと言えます。

かつては家族ぐるみ、地域ぐるみで子どもを育てる環境がありました。祖父母との三世代同居も多く、近所の人たちはほかの家の子どものことも気に掛け、何かあれば声を掛けたり手助けをしたりするのが普通でした。「子どもはみんなで育てるもの」だったわけです。

しかし核家族化と少子化が進むに連れ、子育ては実質的にお母さんが一人で向き合わなければならないものになってきました。子育てについて話し合える相手が身近におらず、**孤立状態で子育てをしている「孤母《こぼ》」が増えています**。

子どもと一対一で子育てをしていれば、必然的にお母さんの視線は子どもだけに向くことになります。子どもとの関係が濃密になり過ぎ、干渉や依存が大きくなるのも無理はありません。

そうして子どもの教育が問題視されることで、テレビをつければ「母親はこうあるべき」という番組が放送されるようになりました。溢れる情報に振り回されて、余計に追い詰められているお母さんも多いように思います。

孤母の苦しさは、本人でなければ分からないのだと思います。「ちゃんと子育てしなければ」とだけ考えていれば、その苦しさは増していくばかりです。

「子育ては大変なんだ。自分は十分がんばっているんだ」と、自分を褒めてあげてください。現在の社会で子どもを育てるのは本当に大変だと思います。私たちも子どもを育てる親御さんにアドバイスをさせていただく反面、その姿を見て本当に頭が下がる思いです。

お母さんはもっと自分の時間を大切にしてもいいと思います。お母さんが子育てとは別に、夢中になれるものを見つけることも子離れに繋がります。思春期の子どもを持ち、ピリピリしていたお母さんが韓流スターに夢中になったことで、家庭がすっかり和やかになったという話も聞いたことがあります。

一方でお父さんにお願いしたいのは、お母さんが出掛けたいと言えば、「どうぞ行ってらっしゃい」と、快く送り出してあげてほしいということです。そう言ってくれないお父さんがいたら、この本を読ませてあげてください。家族以外のことに時間やお金をかけることに、申し訳なさを感じるお母さんも多いと思いますが、その罪悪感を消してあげるのがお父さんの役目です。**お母さんが生き生きしていることが、子どもにとっては何よりうれしく、プラスの影響を与える**のです。

子育ての大変な面だけを意識し過ぎると、子どもがいることの幸せを忘れてしまいます。子どもが生まれたときのうれしさ、日々成長していく姿を見る喜び、一緒に遊ぶ楽しさ。それが子育ての本質だということを、忘れてほしくないと思います。

視点を変えれば長所が見える

子どもに手を掛け過ぎてしまうのは、子どものことが心配だからということもあると思います。

しかし、明日のテストから数年後の受験、その後の将来まで、心配し始めればキリがありません。先々の不安材料を見ても苦しくなるだけです。

それよりも、いま目の前にいる子どもに目を向けてあげてください。

子どもの良いところを見つけ、それを認めて、褒めてあげてください。

子どもを見ていると、どうしても注意したいところばかりが目に付いて、口うるさくしてしまうというお母さんもいます。そうしたときは、少し視点を変えてみてください。**注意したくなるようなことも、見方を変えれば「良いところ」**かもしれません。

特に男の子は、お母さんが頭を抱えたくなるほどおかしなことをします。新しい靴を履いて泥遊びをします。家の中を裸で走り回ります。ポケットに虫を入れて帰ってきます。

お母さんとしては、「何やってんのよ！」と言いたくなる場面だと思いますが、一歩引いて見れば、ルールにとらわれない行動で、「そんなことをするなんて面白い」と思えてくるのではないでしょうか。

プラモデルに夢中になっているのは「集中力がある」、しょっちゅう忘れ物をするのは「それくらい抜けているほうが、世の中生きやすい」、のんびりしているのは「慌ただしい世の中で、余裕を持てるのはすごい」というように、子どもの良いところ、すごいところはいくらでも見えてくると思います。そこに目を向け、いいなと感じたことを、そのまま言葉にして子どもを褒めてあげてほしいと思います。

COLUMN

「サマースクール」の涙（後編）

「本当に申し訳なかった。せっかくの賞状に、違うことが書いてあったのはショックだったと思う。でも、思い出が消えるわけではないでしょう？　ペンダントやコップを作ったよね。もぎたてのトウモロコシも、キュウリもおいしかったね。川遊びも冷たかったけど面白かったね。

それにあなたは、下級生の面倒をよく見て、リーダーを助けていたよね。先生、えらいなと思って見ていたんだ。

あなたを悲しませてしまったのは申し訳ない。でも、リーダーを許してあげてほしいんだ。誰だって間違いはする。それを許してあげる気持ちも大切だと思うんだ。あなたなら、人を許せると思う」

そう話しかけているうちに、少しずつ彼女も落ち着いてきました。そして帰りのバスに乗り込む直前に、リーダーが新しく書き上げた賞状を彼女に渡すことになりました。

リーダーは賞状を読み上げようとしますが、涙で読むことができません。もう一度読むのが怖い。この涙に、リーダーの誠実さが表れていました。リーダーは、将来教育に関わる仕事に就くことを目指している女子大生でした。子どもたちを献身的に世話する責任感の強いリーダーとして、サマースクールを支えてくれていました。

それを見て女の子もまた泣き出しました。2人でただただ涙。いよいよバスが動き出すときになって、リーダーは震える声で新しい賞状を読み上げました。

解散後、迎えに来た女の子のお母さんに、私は事情を話して謝罪しました。お母さんは、「サマースクールに参加する度に、娘の成長を感じています」と言ってくれました。理解してくれる人たちにも恵まれ、あってはならないミスが、彼女と、そしてリーダーの成長の糧にもなったのだと思います。

第5章

「親の背中を見て育つ」の本当の意味

子どもはいつでも親を見ている

ポジティブな雰囲気の家庭を

「子は親の背中を見て育つ」と言います。

立派な親の姿を見て、子どもも同じようにがんばって生きていくという意味で使われる言葉ですが、残念ながら、**子どもが見ているのは、たくましく、大きな背中だけではありません**。

どんな親でも、子どもには前向きに生きてほしいと願うはずです。しかし、親が世の中を否定的に見て、愚痴や不満ばかりを言っていると、子どもは表面的には同調しつつも、内心では違和感を覚えます。そんな親を冷めた目で見ています。

会社の愚痴ばかり言っていて、自分でどうにかしようとしない。テレビを見れば芸能人の悪口ばかりを口にする。そうした姿も、しっかりと子どもたちは見ています。「大変だね、お父さん」と言いながら、「でもそれを何とかするのがお父さんの仕事でしょ」と考えています。

もちろん、愚痴を言い合えるのも家族の良さです。あんまり潔癖に考えても苦しくなってしまいますが、ネガティブな発言が多くなってしまう家庭環境は、やはり良くないと思います。

愚痴や不満が出たとしても、そこで**「どうすればいいか」という発想に切り替えられることが大切**です。

例えば旅行先で朝から雨が降っていれば、やはり文句も言いたくなります。日程を決めたお父さんが責められるのも仕方ないかもしれませんが、そこで「じゃあ、屋内で楽しめる所はないかな？」という会話が自然に始まる家庭をつくってほしいと思います。

そういう家庭では、誰も「前向きでいよう」とは意識していないと思います。それが当然のことになっている。そうした家庭環境であれば、子どもにも自然に向上心が備わっていきます。

最初は表面的な部分から入ってもいいと思います。多少違和感があっても、形をつくることで、徐々に意識も伴ってきます。

家庭内での問題について、それを家族全員で共有して解決することを意識してみてください。なかなか家族揃ってご飯を食べることができないのであれば、「朝ご飯だけでもみんなで一緒に食べよう」「週に1回、日曜日に家族揃って食べる時間をつくろう」といった解決案を、家族全員で出し合います。

大事なのは、実際に解決できるということより、そのために何か手を尽くそうとする雰囲気が家庭の中にあることです。子ども自身が失敗や困難に直面したとき、試行錯誤して乗り越えようという意識は、そこから生まれてきます。

子は親の「見栄」を見抜く

子どもを連れているときに知人に会ったら、我が子のことをどのように話すでしょうか。自慢するというほどではなくても、「この子はできる子なんですよ」とアピールしたい気持ちも出てくるのではないでしょうか。

家では「ちゃんと片付けをしなさい」といつも叱られているのに、外では「手の掛からない子で」と言われる。そのとき「お母さんは本当はそう見てくれていたんだ」と感じられる信頼があれば子どもも喜びます。

しかし、他人に対する**「見栄」や「恥」といった意識から出てきた言葉であれば、子どもは不信感を覚えます**。そればかりか、「お母さんは僕のことを隠したがるんだ」と、自分を否定されている気持ちにもなるでしょう。

両者の差は、子どものためを思っているか、それとも親の基準に合わせて子どもを良く見せようとしているかだけです。それを子どもは敏感に感じます。

「見栄」や「恥」といった色眼鏡を外して、あるがままの自分の目で子どもを見る。そして、曇りのない視線で捉えた子どもの姿を、他人に対してもそのまま飾らず伝えられる。そんな**「あるがままの親」が、子どもにとってはいちばん信頼できる親**なのです。

子どもも一人の人間

子どもは子どもとして生きている

勉強ができる子。スポーツができる子。親は子どもが「できる子」であってほしいと望みます。

しかし、子どもは親を満足させるために存在しているわけではありません。**幼く見えても、一人の人間**です。子どもに何をさせるか、どう日々を過ごさせるかを親が考えるのは大事なことですが、子どもは子どもとして生きていればいい。**純然たる子どもとして生きていればいい**のです。

子ども自身が感じたことや、思ったことを素直に出せる環境がいちばん大事です。親が見栄や世間体にとらわれていると、子どもが親に評価してもらおうと、親の見栄に合わせて背伸びをしてしまうことがあります。

親が子どもを一人の人格として認めるということは、当たり前のようでありながら、難しいことなのかもしれません。子どもが自分と違う意見を言っているとき、しっかりと聞いてあげることができているでしょうか。子どもが落ち込んでいるとき、「子どもなんだから明日には忘れるだろう」と考えてはいないでしょうか。一度考えてみてほしいと思います。

伸びない子どもはいない

長時間じっとしていたり、集中してものごとに取り組んだりすることが難しい、注意欠如／多動症（ＡＤ／ＨＤ）の子を持つあるお母さんは、子どもがＡＤ／ＨＤと診断されて、むしろ気持ちが楽になったと言います。

授業中に立ち歩いてしまったり、いつも忘れ物をしてしまったりと、我が子が「よその子と違う」ことに、そのお母さんはずっと苛立っていました。しかし、ＡＤ／ＨＤと診断されたことで、**「この子はそういう子なんだ」**と受け止めることができた。それ以来、ほかの子と比べることがなくなったそうです。

「ほかの子よりできるか、できないか」を基準にして子どもを見ていると、親はそれに振り回されて苦しむだけでなく、大事なことを見落としてしまいます。運動が苦手なのであれば、「そういう子なんだ」と、まず認めてあげることが必要です。ダメな子でも、できない子でもない。「そういう子」であると認めることができると、親の気持ちも安定するのです。

どんなことでも、子どもの能力の発達には差があります。運動会があれば、順位ではなく、一生懸命走っている姿に目を向けてあげてください。最下位だったとしても、去年より今年のほうが速くなっているはずです。

その子自身を基準にすれば、どんな子でも絶対に伸びています。ほかの子と比べるのではなく、その子自身の過去と比べて伸びたところを評価するようにすると、確かに成長している子どもの実像が見えてきます。

運動神経の悪い子はたくさんいます。ほかに自分が得意な能力を見つけて伸ばしていけばいいのです。運動が苦手なら開き直ればいい。「その代わり自分は勉強をがんばるぞ」そうしてみんな生きているのではないでしょうか。

親が自分をさらけ出す

自分の失敗談を話す

親が取り払うべき「見栄」の中には、「子どもに対する見栄」もあります。

親は、自分のダメなところを子どもにはなるべく見せたくないと思うものです。「尊敬される親でありたい」という思いの裏に、「ダメなところを見せてしまったら、子どもが言うことを聞いてくれなくなるかもしれない」という不安もあるのではないでしょうか。

しかし、どんなメッセージも、その人自身の言葉で語るからこそ相手の心に響きます。子どもに何かを伝えたいなら、また、子どもに自分自身の言葉で話せるようになってほしいと思うなら、当然親も自分自身の言葉で話さなければいけません。

それは、**親が一人の人間として、自分自身をさらけ出す**ということです。

親は自分の成功談を子どもに聞かせることはあっても、失敗談を話すことは少ないのではないかと思います。そうした親の本当の姿を見せてこそ、子どもに深く伝わります。

例えば、ただ「宿題をしなさい」と言うだけでは、子どもに勉強しようという気を起こさせることは難しいと思います。「お母さんも子どもの頃に、宿題をしなかったら先生にすごく怒られたんだよ」というような経験談を折り混ぜながら伝えると、説得力を持って子どもの心に響きます。同時に、自分と同じ年齢の頃のお母さんの姿がリアルに思い浮かび、共感や連帯感も覚えるでしょう。

ただ、いつも自分の失敗談ばかりをするのも考えものです。常日頃そういう話をするというよりは、しっかりと伝えないといけない話をするときに、自分の経験を交えながら伝えるようにしましょう。

本音で話し合える関係を

親子が互いに自分をさらけ出し、本音で話し合える関係をつくることで、**無駄のない、効率の良い会話ができる**というメリットもあります。

例えば仕事の場では、上司と部下が互いにストレートに意見を言い合うのはなかなか難しいものです。部下が上司の顔色をうかがい、必要以上に丁寧な物言いをしたり、前置きの言葉を重ねたりすることで、本当に言いたいことが上司に伝わりにくいこともあります。それは、仕事上では無駄なプロセスです。

職場でも家庭でも、なるべく言いたいことを率直に言い合えると、多少ぶつかり合うことがあったとしても、最短距離で結論にたどり着くことができます。

親が本音で話せば、子どもも親に対して本音で話すことができます。それによってお互いの思いを深く分かり合うことができ、問題解決もしやすくなります。

たとえ問題解決には結び付かなくても、互いの本音が見える会話をすると、それだけで親も子も安心できるものです。

自分の過去の恋愛話のようなことも、ざっくばらんに子どもに話してほしいと思います。そうした話はなんとなく照れ臭くて一般論に頼りがちですが、だからこそ**本音で話し合えると、より親子の関係が深くなる**と思います。

それに、友だちとしかしないような話を親ともすることで、子どもは親が自分を子ども扱いせず、対等な目線で見てくれていると感じることができます。

子どもを自立した一人の人間と見なして向き合うからこそ、本音で話すことができます。その意味では、親が子どもに本音をさらけ出すことも、子離れの一つのステップだと言えます。

夫婦の考えの違いも子どもに見せる

子育てをしていく上で、お父さんとお母さんの考えに違いが出てくることも多いと思います。

特に中学受験に関しては、夫婦間で温度差があるケースが珍しくありません。例えば、お母さんが中学受験を経験していて、子どもの中学受験にも熱心である一方、公立中学出身のお父さんは、小学生のうちから受験勉強をさせることに否定的、というパターンです。

そんなとき、私たちはご両親に、夫婦の考え方の違いがどこから来ているものなのかに気付いてもらえるよう、意見をすり合わせてもらいます。

夫婦であっても、育ってきた環境や価値観が異なる2人に、意見の不一致が出るのはやむを得ないことです。まずは互いに本音で話し合うことが必要です。その上で、意見をまとめて子どもに伝えることがベストです。

夫婦で話し合った結果、それでも互いに納得できない場合もあります。どうしても意見が一致しないのであれば、それを無理に一つにする必要はありません。**2人の意見をそのまま子どもに話して、子ども自身にどちらかを選ばせればいい**のです。

もちろん、両親どちらも子どものためを思うからこそ、互いに譲れない意見があるという気持ちを伝えることが大事です。また、そこで無理に判断を迫るのではなく、

「後から考えが変わっても構わないから、いまの時点でどう思うか教えてほしい」という聞き方をしてあげてください。

両親それぞれの本音をさらけ出し、子ども自身に判断させる。それは、子どもを子ども扱いしないということでもあります。進路という人生の重要事に関しては、特にその姿勢が大切です。

そして、仮に一度中学受験すると決めたならば、お父さんお母さんの意見の違いは置いておいて、家族全員が一致して目標に向かってがんばっていきましょう。「みんなで選んだ道なんだ」という連帯感が子どもにとっての大きな支えとなるはずです。

〝さらけ出す〟というポーズになっていないか

「自分をさらけ出さなければいけない」と考えて子どもと接しているうちに、その**〝さらけ出す〟ということが、ポーズになってしまう**こともあります。

「私は子どもに自分をさらけ出している。ちゃんと子育てしているんだ」「本音が子どもとの絆を強くするんだ」という意識で、いつの間にか自分自身の本音を〝つくって〟しまうような場合です。

そうなると、本当の本音は出てきません。見せかけの本音だと気付いた瞬間に、子どもは親を信用できなくなります。「お母さんはいつも嘘ばかり言うから、私も本音を話さない」と、やっていることが全部裏目に出てしまいます。

このような場合に危険なのは、親は「自分は本音を言っている」と考えてしまっていて、**ポーズであることに自分で気付きにくい**ということです。自分の本音がしっかりと子どもに伝わっていないと感じるのであれば、もしかしたら、ポーズになってしまっているのかもしれません。とても難しいことですが、日常の中で、自分を顧みる意識を持つことができればいいと思います。

子育てを背負う覚悟と喜び

大人の「覚悟」と「本気」が必要

本書をここまで読んでいただいたみなさんに、いまさらお話しすることではないかもしれませんが、**子どもの成長を願うのであれば、親も学び、成長しなければいけません。**

自分と向き合い、自分の限界を知り、それを乗り越えていく。親自身がそれを引き受けるからこそ、子どもも同じものを引き受けようという気になれるのだと思います。

子どもの頃を思い出してみてください。親や先生、周りの大人たちはどんなことを教えてくれたでしょうか。

いろいろな学びがあったでしょう、と言いたいところですが、おそらく、あまり思い出せないのではないでしょうか。本書を通して子どもをどう教育するかをお話ししておきながら恐縮ですが、子どもは大人が言ったことなど大して覚えていないのだと思います。

しかしその中で、たったひと言、あるいはそのときの大人の表情を覚えているということがあるのではないでしょうか。

そこにあるのは、大人の「本気」です。言われていることは同じなのに、この人に言われると説得力がないということはよくあることです。子どものためを思って、本気で伝えるからこそ、子どもの心に残るのです。

子どもたちを伸ばすことができるかどうか、子どもたちが心置きなく失敗して、また立ち上がることができるかどうかは、そこに**「本気の大人がいるかどうか」という****ことだけに懸かっている**のです。

子どもからもらう「生きる実感」

人生の中で、子育てほど大きな負担と不自由がもたらされるものはないでしょう。一人の子どもを育て上げるには、数千万円の費用がかかるといわれます。子どもがいなければ、何回海外旅行ができるでしょうか。経済的にも精神的にも、いまとは比べものにならないほど余裕のある生活ができていたかもしれません。

しかし、子どもがいることによって、私たちは毎日こんなにもドキドキ、ハラハラ、そしてワクワクさせてもらっています。

子どもの頃は、日々色々なことが起きます。そのことに喜び、驚き、悲しみます。それは**生きるという実感**です。大人になればそうしたことが少なくなってしまいますが、**子どもがいることによって、自分自身も生きているのだと感じることができます**。

子育てをしているからこそ、私たちは充実した人生を送ることができています。私たちは、子どもに生かされているのです。

子育ては大変です。失敗や逆境の連続とも言えるかもしれません。しかし、だからこそ面白い。そのことを、ほかならぬみなさん自身が、日々の子育てを通して実感しているはずです。

親であることの喜びを忘れずに、子どもたちを導いてあげてください。

COLUMN

本気の大人と本気の子ども

ある日A君が、高校の推薦入学に必要な願書に書く文章の指導を、私に頼んできました。

志望理由や将来の夢。優秀なA君らしく、書いてきた文章はよくまとまっていました。しかし、その優等生ぶりが私には気に入りませんでした。

彼は将来、ジャーナリストになりたいという希望を持っていました。願書の文章には「アフリカ難民を取材し、交流したい」というくだりがありました。そこに私は引っ掛かるものを感じたのです。

私は、一文ごとになぜそう書いたのかを聞きました。

「飢餓に苦しみ、生命の危機にさらされている人たちが、あなたと交流すると思うか？　何不自由なく生きているあなたに彼らが心を許すだろうか？　上から目線になっているのではないか？」

中学3年生には厳しいと思いつつも、そんな問いを突き付けました。

彼の文章は文句なく優秀で、そのまま提出しても当然合格していたと思います。それでも、彼自身のためにも私は書き直すことを要求しました。

書き直すことは、過去の自分を否定し、さらに新しい自分をつくり上げる作業です。それこそが成長の過程です。

そのとき、私は本気でした。本気が相手に伝わるからこそ、相手もまた本気になってくれるのだと思います。それは人格と人格とのぶつかり合いです。彼が私に見切りを付けて適当な文章に書き直したなら、そこで終了です。

彼は翌朝5時までかけて、しっかりと文章を書き直してきました。そのことに、私自身も救われました。

本気の大人がいるから、子どもも本気になってくれる。そのことを、彼は改めて教えてくれました。

おわりに

人は失敗するからこそ成長する。できないから、分からないからこそ、学ぶ。

本書を通してお伝えしてきたのは、子どもの頃に限った話ではありません。大人になっても、成長の裏には必ず「失敗」があります。それを恐れていては、何も生まれません。

子育ても同じです。完璧に正しい子育てなどありません。子どもに少しばかり間違ったことを教えてしまったとしても、それが子どもの未来を奪うことにはなりません。親が心配するまでもなく、子どもたちは自分で考え、人生を切り拓いていくことができます。「いずれしっかりと自立していく」と信じることから、子育ては始まります。

世の中には「こうあるべき」といった教育論がたくさん伝えられていますが、参考にする程度で十分です。子育ては、その親子の間にだけあるものです。同じ型はありません。「こうあるべき」と考えてしまった時点で、その本質を見失ってしまいます。

親が自分で考えて、試行錯誤しながら子育てをするからこそ、子どももそれを受け止めます。何よりも、しっかりと子どもに愛情を注ぐことを大事にしてください。この土台があれば、子育てを通して、子も親も同時に成長していくことができます。

子どもの言動に不安を感じたり、子育てに悩んだりする。それを乗り越えていくことで、親自身も成長できます。そしてそれは、子どもがいるからこその学びです。最愛の存在がかけがえのない時間と機会を与えてくれていることに感謝しながら、子育てと向き合ってください。子どもがいるから、自分も生かされているのだと。

本書は、私たちが「花まる学習会」という「学び」の現場で感じたり考えたりしてきた、いわば、現場でつくり上げてきた子育て論です。「花まる学習会」に通う子どもたちや、親御さん、スタッフの皆様に感謝いたします。

また、多くの自治体で、私たちの教育方法をご理解いただき、公教育現場でも花まるメソッドを導入させていただいています。本書をより広い視点で書くことができたのも、各自治体の皆様のご協力があってこそです。深く感謝申し上げます。

２０１８年５月　高濱正伸　西郡文啓

高濱正伸（たかはま・まさのぶ）

花まる学習会代表、ＮＰＯ法人子育て応援隊むぎぐみ理事長。

1959年熊本県人吉市生まれ。東京大学大学院農学系研究科修士課程修了。1993年、「メシが食える大人に育てる」という理念のもと、「作文」「読書」「思考力」「野外体験」を主軸にすえた学習塾「花まる学習会」を設立。95年には、小学校4年生から中学3年生を対象とした進学塾「スクールFC」を設立。保護者などを対象にした講演会も多数開催している。障がい児の学習指導や青年期の引きこもりなどの相談も受け続け、現在はNPO法人「子育て応援隊むぎぐみ」として運営している。著書に『伸び続ける子が育つお母さんの習慣』（青春出版社）、『わが子を「メシが食える大人」に育てる』（廣済堂出版）『高濱正伸の10歳からの子育て』（総合法令出版）など多数。「情熱大陸」「カンブリア宮殿」など、テレビやラジオへの出演も多い。

西郡文啓（にしごおり・ふみひろ）

花まるグループ西郡学習道場代表。

1958年生まれ。熊本大学教育学部卒業。高濱正伸とは高校の同級生。以来、小説、絵画、映画、演劇、音楽、哲学など、あらゆるジャンルの芸術、学問を語り合ってきた仲。「花まる学習会」に設立時から参加。「スクールFC」の立ち上げを経て、花まるグループ内に「子ども自身が自分の学習に正面から向き合う場」として「西郡学習道場」を設立する。2015年度より「地域おこし協力隊」として、佐賀県武雄市で「官民一体型学校」の指定を受けた小学校「武雄花まる学園」にて、学校の先生とともに花まるメソッドを浸透させる。現在は、さいたま市の委託を受け、市内の全小・中学校を対象に、放課後や土曜日を使って子どもたちの基礎学力の向上や豊かな人間性を育むことを目的とした「チャレンジスクール」の運営に尽力中。

◆花まる学習会ホームページ
https://www.hanamarugroup.jp/hanamaru/

◆西郡学習道場ホームページ
http://www.schoolfc.jp/koshukai_dojyo/

EYE LOVE EYE

視覚障害その他の理由で活字のままでこの本を利用出来ない人のために、営利を目的とする場合を除き「録音図書」「点字図書」「拡大図書」等の製作をすることを認めます。その際は著作権者、または、出版社までご連絡ください。

ちゃんと失敗する子の育て方

2018年6月20日　初版発行

著　者　高濱正伸・西郡文啓
発行者　野村直克
発行所　総合法令出版株式会社
〒103-0001 東京都中央区日本橋小伝馬町 15-18
ユニゾ小伝馬町ビル 9 階
電話　03-5623-5121
印刷・製本　中央精版印刷株式会社

落丁・乱丁本はお取替えいたします。
©Masanobu Takahama, Fumihiro Nishigori 2018 Printed in Japan
ISBN 978-4-86280-623-9
総合法令出版ホームページ　http://www.horei.com/

高濱正伸の10歳からの子育て

高濱正伸［著］　定価（1300円＋税）

教育界のカリスマ高濱正伸氏が書く
初の「思春期の子育て」本

「今までと同じ接し方では、子どもが言うことを聞かなくなった」「最近、子どもが、考えていることや本音を話さなくなった」といった、7～18 歳くらいの思春期の子どもを持つ親が抱く悩みについて、いかに解決すべきかを、事例を挙げながらわかりやすく解説しています。